OHSAMA BUNKO

言い換えると ちょっと得する言葉

川上徹也

三笠書房

◇はじめに　ほんの少しの言葉の違いで……

あなたはこんな経験ありませんか？


「悪気なく言った言葉で相手を怒らせてしまった」

「相手のためを思って言ったのに気まずくなった」

「部下のやる気を引き出す言葉がかけられない」

「忙しそうな上司にどう話しかけていいかわからない」

「『どうしてネガティブなことばかり言うの？』と指摘されたことがある」

「就職や転職などの自己アピールがうまくできない」


一度でもそんな経験がある、そんなあなたのためにこの本は書きました。

ちょっと考えてみてください。

もし「言い換えるとちょっと得する言葉」があったとしたら、あなたはどんどん使いたくなると思いませんか？

ちょっと得するというのは、次のようなことです。

・人間関係がよくなる
・仕事の成果が出る
・気持ちが前向きになる
・周りが明るくなる
・相手から好かれる

そんないい話があるわけないだろう？

と思ったかもしれませんね。

しかし、あなたの話し言葉や、メールなどで使う**ほんの少しの言葉の違いで、**

相手の感情が大きく変わることも事実です。

・言葉のちょっとした違いで、相手のやる気に火をつけることもできれば、相手のやる気をそぐこともある

・言葉のちょっとした違いで、話をちゃんと聞いてもらえることもあれば、聞き流されることもある

・言葉のちょっとした違いで、相手を喜ばすこともできれば、相手を不快な思いにさせてしまうこともある

これらは、自分が受け取る側になると納得していただけると思います。

私自身、日々の仕事の中で、これらのことを実感しています。

もちろん、言葉に100%の正解はありません。

わざわざいうまでもないことですが、本書に書いた「言い換え」が絶対という

わけではありません。時、場所、状況、お互いの関係性においても大きく変わってくるからです。ただ、あなたが今までの人生において「言葉で損をしてきた」としたら、本書を読むことをオススメします。

こういう「言い換え」もあるんだという、新たな視点を得ることができるからです。

自分が話したり書いたりする言葉に気をくばることで、あなたの人生はきっと好転するでしょう。

川上 徹也

◎もくじ

2章

断わりたい人も、断わられてしまった人も ――「あとくされがない」言い換え

3章

感謝する人も、される人も ——「うれしくなる」言い換え

4章

注意する人も、される人も ――「心が凹まない」言い換え

5章

謝る人も、謝られる人も
――「スッキリする」言い換え

6章

意見する人も、される人も
──「納得する」言い換え

終章

仕事でも、プライベートでも ——「好かれる人」の言い換え

1章

お願いする人も、される人も
——「ちょっと得する」言い換え

ビジネスにおいてもプライベートにおいても、誰かに何かを依頼したりお願いしたりするシーンは多いものです。依頼やお願いを快くきいてもらえるかどうかで、あなたの人生は決まるといっても過言ではありません。

なぜなら人生の多くのことは、自分ひとりではどうにもできないことが多いからです。お願いをきいてもらえれば「得する」し、きいてもらえなければ「損する」ことが多くなります。

せっかくなら、気持ちよく依頼やお願いをきいてもらって、得する人生を歩みたいですよね。

この章では、依頼やお願いにおいてよくあるシーンを取り上げて、こんなふうに言い換えると、快く依頼やお願いをきいてもらえる言い換えを紹介します。

くわしくは個々のケースを読んでいただくとして、まずは依頼やお願いするときの根本的な考え方を紹介します。

それは次の3つのポイントに気をくばることです。

① 依頼のタイミングを見極める

誰かに何かを依頼したりお願いしたりするときには、何よりもそのタイミングが重要です。

相手がスケジュール的に忙しいときやほかのことに集中しているときだと、「こちらの状況もわからず依頼してきた」「ムチャ振りしないで」と思われてしまうことが多いからです。

対面で依頼やお願いするときは、まず相手が忙しそうにしていないか、考えごとなどをしていないかを確認してから切り出しましょう。たとえ暇《ひま》そうに見えても「今、ちょっといいですか？」などのクッション言葉を入れてから切り出すのが無難《ぶなん》です。

メールやメッセージアプリなど文章で依頼やお願いするときは、タイミングがわからないことも多いので、「忙しいところ申し訳ないけれど……」などのクッション言葉をひと言を添《そ》えてから、用件を切り出すようにします。

② なぜ頼むのか理由を加える

誰かに何かを依頼したりお願いしたりするとき、ついついこちらの都合だけを考えて、用件とスケジュールを伝えてしまっていませんか？

しかし、依頼を受けた側からすると、「なぜ自分に依頼するのか？」が一番気になることです。それによって、受けるかどうかを決める要因になるからです。

それゆえ、「頼む理由」を明確に伝えることが重要です。

さらにいうと、頼みを受けたときに、相手にとってどんなベネフィット（利益）があるかを語るといっそう効果があります。

③ 謙虚に相手の自尊心をくすぐる

また、謙虚な態度と丁寧《ていねい》な言葉遣《づか》いをすることも重要です。たとえ、部下や年下など、立場が下の者が相手であっても同様です。自分が何かを頼むということは、相手はそのために時間や手間を費《つい》やすことになります。その時間や手間を思いやることが大切です。

その上で、相手の自尊心をくすぐり、心地よく引き受けてもらえるようにしましょう。

「あなただからこそ依頼したい」「あなたの能力を見込んでお願いしたい」という気持ちをこめることで、相手が協力しようと思う可能性が高まるのです。

もちろん、依頼やお願いを受けてもらえるかどうかは、普段からの人間関係が重要なのはいうまでもありません。普段の人間関係が良好であれば「この人の言うことだったら、多少ムチャでもきこう」「忙しくても引き受けよう」ということもあるからです。

たとえ、そのような人間関係が築《きず》けていなかったとしても、前述した3つのポイントを踏まえた上で、次ページからの具体的なシーンでの言い換えを参考にして、依頼・お願いをしてみてください。きっと相手の反応が変わるはずです。

SCENE 01

「ちょっと」ではどう対応していいかが悩ましい

「ちょっといいですか？」

「○○の件で部長のお知恵を借りたいんですが、今10分ほどお時間いただけますか？」

相手の立場になって対応しやすい頼み方を

「ちょっと」と言われても、具体的にどれくらいの時間が必要なのかわかりませんよね？　10分ほどなのか1時間かかるのか。また、軽い相談なのか深刻な相談なのか、仕事なのかプライベートなことなのかもわかりません。

それによって、その場で聞いていいのか、会議室で話す必要があるのかなども違ってきます。部下からこう言われたら無下《むげ》にもできないものです。

深刻そうな表情だったからわざわざ会議室を取ったのに、数分で済むその場で聞いてもいいような相談だったとしたら、上司はどう思うでしょう？

そのような齟齬《そご》が生じることが重なると、あなたの評価にも影響して損してしまうかもしれません。**「10分ほど」**などと時間をハッキリさせた上で、**「○○の件」「部長のお知恵を借りたい」**と仕事上の相談だと明確にわかるようにするといいでしょう。

これは上司から部下に声をかけるときも同様です。「今、ちょっといいかな？」と言われた部下は対応に困る場合があります。「○○の件で相談があるんだけど30分くらい話せるかな？」などと具体的に伝えましょう。

SCENE 02

曖昧な期限の依頼は大ケガの元

「なるはやでお願いできるかな」

「今週水曜日の13時までにお願いできますか？」

なぜその日時までに必要なのかの理由を明確に

「なるはや（なるべく早く）」の基準は、話し手と聞き手では大きく違う可能性があります。話し手は「少なくとも今日中に」と思っていたとしても、聞き手は「なるべく早くでいいのか。じゃあ別件が立て込んでいるので、今週中でいいかな」と思うこともあるでしょう。

このような曖昧《あいまい》な言葉を使うと、話し手も聞き手も得をしません。依頼した案件がなかなか仕上がらないことに話し手はイライラし、聞き手はそのことに気がつかないこともあるでしょう。その案件の進捗《しんちょく》にも大きな影響を与え、大きなトラブルにつながることさえあります。

何かを依頼するときは、提出してほしい日時をきちんと伝えることです。

「今週水曜日の15時からその案件を決める会議があり、事前チェックしたいので当日の13時までに提出していただければありがたいです」というふうに。

聞き手も自分勝手な解釈で、「『なるはや』ならそんなにあわてなくても大丈夫だろう」と考えずに、相手にきちんと確認するのが望ましいのです。

SCENE 03

急な依頼をしなければならないとき

「明日の午前中までにチェックしてもらえますか？」

「急ぎで申し訳ないですが、明日の午前中までにチェックをしてもらえますか？　難しい場合は、対応策を考えますので早めに相談いただけると助かります」

引き受けることが難しい場合の想定をしておく

相手の都合を確認せずに急な依頼をしなければならない場合があります。

言われたほうが忙しい状況だったとしたら、それができないと言われる可能性もあります。また「そんな急なこと言われても」と不満に思われた場合は、返事すら来ないかもしれません。

頼む側にとって一番困るのは、期日を過ぎてから「できません」と言われることではないでしょうか？

だとしたら、あらかじめ「難しい」という答えが返ってくる場合も想定しておいて、**「そういうときは早めに相談してくださいね」というフレーズをつけ加えておく**のがいいでしょう。

そうすることによって、相手は早めになんらかのリアクションをする必要があると思う可能性が高まるからです。

相手の状況がわかれば、頼む側も返事はまだかとやきもきすることが少なくなります。

SCENE
04

催促はストレートにすればいいわけではない

「メールのお返事をいただけますか？」

「お送りしましたメールはご覧になられましたでしょうか？」

相手の非をとがめない言い方で

メールで何かを依頼した場合、いつまでたっても相手から返事が来ないことがあります。メッセージアプリであれば「既読」などがついて、読んだかどうかがわかりますが、メールの場合は読んでくれたかどうかもわかりません。

そもそもメールは、スパムメールのフォルダなどに選別されてしまうこともあり、相手に届いているかどうかも明確ではありません。さらにいうと、たとえ相手が読んでいたとしても、返事をあと回しにされたり、ほかのメールに紛《まぎ》れて忘れられてしまったりすることも往々《おうおう》にしてあります。

一度メールを送って返事が来なかったからといって、そのまま放置するのは望ましくありません。かといって、「返事をいただけますか？」という言い方では、相手をとがめているようで、受け取る側は気持ちよくありません。

前述したように、本人は読んでいない可能性があることも踏まえて、**「届いておりますでしょうか？」「ご覧になられましたでしょうか？」という言い方にすると、相手をとがめるニュアンスは軽減されます。**

SCENE 05

リマインドしなくてはならないときは

「納品をお待ちしています」

「先日お願いしました〇〇の件、どんな仕上がりになるか楽しみにお待ちしています」

楽しみにしているというニュアンスをプラス

納品してもらう締切が近づいてきて、リマインド（思い起こさせること）を兼《か》ねて確認のメールを送ったほうがいいケースがあります。

万が一、忘れられていると困るからです。

そんなとき、ただ「納品をお待ちしています」とだけ送っていませんか？

もちろん間違っているわけではないですが、メールを受け取る側が忙しいときは、「そんなこと言われなくてもわかっているよ」という気持ちになることもあるかもしれません。

それでは結果として「損な言い方」になってしまいます。それよりも依頼する側もされる側も得する言い方があります。それは「仕上がりを楽しみにしている」というニュアンスの言葉を入れることです。

受け取る側は、**改めて「期待に応《こた》えなきゃ」と頑張る気持ちになる**かもしれません。

結果としてお互い「得」する言い方になるのです。

SCENE 06

正論で催促しても逆ギレされる？

「締切期日が過ぎています。急いで提出をお願いできますか？」

「提出してもらったあと、皆さんの意見をまとめ整理する必要があります。急《せ》かして申し訳ないのですが、今日中に提出をお願いできますでしょうか？」

理由を明確にして下手に出る

締切の期日を過ぎてもなんの連絡もしてこない人がいます。

期日を守らないほうが悪いんだから、強く催促してもいいと思っていませんか？　相手だって納期を守らなかった自分が悪かったと思ってはいても、ストレートに指摘されるとムッと感じてしまうことでしょう。素直に謝る気持ちにもなれないものです。

個人的に悪い感情をもたれてしまったら、損してしまいます。

こんなときは**「なぜその日に提出してもらわないといけないのか」をきちんと説明する**といいでしょう。

中には、本当の締切はまだまだ余裕があるはずだ、と考えている人もいるかもしれないからです。

なぜその日が締切なのかの理由を伝えた上で、期限を切って再度頼みます。

ちゃんとした理由があれば、相手もきちんと提出しなければならないと思うはずです。

SCENE 07

「読んでおいてください」では反発を招く

「資料を送っておきますので、次回会議までに読んでおいてください」

「資料を送っておきますので、次回会議までにご一読いただけますでしょうか？」

「ご一読」は便利な言葉

せっかく苦労して準備した資料ですから、やっぱりちゃんと目を通してもらいたいもの。作成した側からすると「相手は隅《すみ》から隅まで読むのが当たり前でしょ」と考えがちです。

しかし、「読んでおいてください」という押しつけだと、相手としては「読もう」という気が半減するどころか、反発心さえ抱いてしまうかもしれません。

子供の頃「宿題をやりなさい」と言われると、やる気が半減するのと同時に「やろうと思っていたんだよ！」と反発したのと同じようなものです。

そこで「ご一読」という丁寧語が活躍します。

「ざっと目を通して確認する」という意味なので、押しつけがましい感じがなく、むしろ**「お時間のあるときに見ておいていただけたらうれしい」という意味までこめることができます**。

さらに「ご一読いただけますでしょうか？」とお伺いする形にすると、きっと相手も読んでやろうかなという気持ちになることでしょう。

SCENE
08

「あなたしかいない」というロジックで

「手がかかる仕事だけど、やってもらえる?」

「こんなことを頼めるのは○○さんしかいなくて」

相手の自尊心が満たされるような頼み方を

「手がかかる仕事」を積極的にやりたいと思う人は少ないでしょう。する側からすると、手がかかる上に、ミスをしたら責任を問われかねず、なんとも割に合わないからです。

そんな「手がかかる仕事」を誰かに頼まなければならないとしたら？

そんなときは、相手の自尊心をくすぐる頼み方がオススメです。

相手が特別すぐれたスキルをもっているときには、そこをほめて持ち上げることで、相手の自尊心をくすぐることができます。「この仕事、エクセルが得意な○○さんがやってくれたら助かるんだけど」というふうに。

しかし、相手に持ち上げるべきほどのスキルがなかったとしたら？

そんなときは「あなただけ」作戦を発動しましょう。

「こんなことを頼めるのは○○さんしかいない」と頼むのです。ポジティブにもネガティブにも取れるフレーズですが、**多くの人は「自分が評価されている」と感じる**ことが多いものです。

その結果、ポジティブな方向に気持ちが動きやすくなります。

SCENE 09

相手にとってはネガティブに感じる提案でも

「大阪支社へ異動してほしい」

「〇〇さん、大阪支社に革命を起こしてもらえませんか？」

言葉を変えて魅力的に見せる

相手がネガティブに思っていることを提案しなければならないとき、あなたはどのような言い方をするでしょうか？　事実だけを伝えれば、相手のモチベーションは大きく下がってしまうことでしょう。

そんなとき、提案をポジティブに言い換えて伝えるという手があります。

ここでは「異動」という事実を「異動先で革命を起こしてもらえないか？」という提案に変えました。これは昔、とあるプロ野球の監督が往年のエースに、先発からリリーフ異動を提案したときの殺し文句（「野球界に革命を起こしてみないか？」）を参考にしました。その元エースはプライドが高く、リリーフに転向するくらいなら野球を辞めるとまで思っていましたが、この言葉を聞いてリリーフ転向を承諾し、そのポジションで歴史に残る活躍をしたのです。

このように、**人は相手の言葉ひとつで気持ちが大きく変わります。**モチベーションを上げるように物事を伝えることは、相手にとっても自分にとっても「得する言い方」になるのです。

SCENE 10

相手の都合を探るなら

「金曜の夜空《あ》いてる?」

「〇〇社の人と会食があるんだけど、今週の金曜日の夜って空いてるかな?」

ズルい依頼の仕方は長期的には損をする

「○○日って空いてる？」という質問の仕方をする人がいます。

きかれる側としては困ってしまう質問です。

「空いているなら××しない（してくれない）？」という依頼やお願いがくることが多いからです。

スケジュール的には空いていても、用件によっては断わりたい場合もある。そもそも仕事のことなのか、プライベートのことなのかもわからないのでは答えようがありません。

一度「空いてます」と言うと、あとから断わりにくいということもあります。

質問する側から考えると、「いついつ空いてる？」という質問は、相手を断わりにくくする「得する質問」だといえます。

しかし、**このような「ズルい言い方」は、たとえ短期的には得しても、やがて信用をなくすので長期的には損してしまう**ことにつながります。

きちんと用件を伝えてから「空いているかどうか」を質問するといいでしょう。

SCENE 11

うやむやになっている「お金の話」に切り込む

「入金はどうなっていますでしょうか？」

「〇月×日づけで確認したところ、まだ入金されていないようです。〇月〇日までに入金をお願いできますでしょうか？」

センシティブなお金のことは事実と要望をセットで

お金の話をすることは、日本ではなぜか「意地汚い」だとか「はしたない」、「品のないこと」として思われがちです。その結果、うやむやのまま仕事が進むことも珍しくありません。

本来はおかしなことではありますが、多くの人がそう思っている状況では、ある程度センシティブな表現をするほうが「得」をします。

例に挙《あ》げたように、入金などの行き違いがあったとき、感情的になって催促するのは得策ではありません。たとえ相手に非があったとしても、あなたのほうが「お金にうるさい」「がめつい」などと思われてしまうことさえあるからです。

そんなときは、**まだ振り込まれていないという客観的な事実を婉曲的《えんきょくてき》に表現することで責任の所在《しょざい》をあやふやにしつつ、〇月〇日までに入金することを依頼する**のがいいでしょう。

もちろん、このように催促しても入金されない場合は、より強い表現が必要になってきます。

HINT

「人の性格や評価」を言い換える

――あの人の「いいところ」が見えてくる

誰かのことをネガティブな評価で話してしまうときがあります。

「うちの部長は融通《ゆうずう》が利《き》かなくて」
「○○君って自分がないよね」
「うちの親は本当に口うるさいんだよね」
「彼氏がケチでさ」

このようにグチや不満を口にすることは、ストレスの解消にはなるでしょう。
しかし、たとえ悪気がなくても、あなたが口にしたことで、相手との関係性が悪くなることもあります。自分にとっても得することはなく、損するだけです。

また、私たちの脳は、主語を認識しないといわれています。

誰かに対してネガティブな評価を口にすることは、脳が自分自身に対して言っていると勘違《かんちが》いする可能性があるということです。

自分への評価を自分で下げてしまうのは、もったいないですし、人生を損してしまいます。

だとしたら、人の性格や評価に関しては、できる限りネガティブな表現を使わないようにすることが、結局は得だということです。

ここでは人に対する22通りのネガティブな表現を、ポジティブな表現に言い換える例を60通り挙げています。

！「融通が利かない」

規則や慣習などにとらわれて柔軟に対処できない様子を指《さ》します。近くに融通が利かない人がいると、もどかしく感じることがあるかもしれませんが、逆の視点で考えると、こんなふうにも考えられます。

↓「生真面目《きまじめ》」「ルールを遵守《じゅんしゅ》する」「曲がったことが嫌い」

！「自分がない」

周りの意見に流されやすい人のこと。「もう少し自分の意見を言ったら？」とイラッと感じることもあるでしょう。でも見方を変えれば、次のように表現することができます。

↓「協調性がある」「共感性が高い」「他人を尊重できる」

「口うるさい」

言葉遣いや身だしなみなどに対して、あら探しをして小言《こごと》を言うことをいいます。多くは自分が聞きたくないような言葉が多いので、ついついイライラしてしまうものですが……。

↓「心配してくれる」「親身になってくれる」「忠告してくれる」

「ケチ」

むやみに金品を惜しがって出さないこと。また、そういうことをよくする人のことをいいます。ケチは嫌われるといいますが、もっと長い視点で考えてみましょう。

↓「お金を大切にする」「倹約家」「ムダな出費はしない」

!「思い込みが激しい」

ある物事が真実かどうかをきちんと検証せずに、こうだと決めつけて強く信じてしまう様子やその人のことをいいます。「困ったちゃん」に見えることが多いのですが、大きな仕事を成し遂げる人は、往々にして思い込みが激しい一面がありそうです。

…↓「とことん信じる」「思いが一途《いちず》」「周囲に流されない」

!「あきらめが悪い」

通常であればあきらめてしまうような状況なのに、あきらめずにチャレンジし続けることや、そのような行動をする人のことをいいます。「悪い」という言葉があるせいでネガティブに聞こえますが、実際はいい意味でも使えます。

…↓「ねばり強い」「簡単にあきらめない」「チャレンジし続ける」

!「空気が読めない」

その場の雰囲気や状況を踏まえた言動ができない、相手の気持ちなどを汲《く》めないことや人のことをいいます。一般的には短所と思われていますが、考えようによれば、長所であることも多いのです。

↓「マイペース」「周りに影響されない」「同調圧力に強い」

!「えらそう」

横柄《おうへい》で高圧的な人ってどこにでもいますよね。たしかにムカつきますが、たとえば同じ社内の人間ならば、まわりまわって本人の耳に入ってしまうこともあります。次のように表現しておくほうが無難です。

↓「堂々としている」「威厳がある」「物おじしない」

「口が悪い」

人や物事に対して、ずけずけとけなすような辛辣《しんらつ》な話し方をするさまのことをいいます。言われたほうは傷つくかもしれませんが、婉曲的な話し方をしないことでわかりやすいと言い換えることもできるでしょう。

↓「ストレートな話し方」「素直に表現する」「飾らないしゃべり方」

「図々しい」「厚かましい」

どちらも、人に迷惑をかけても気にしないような態度や行動を表わした表現です。悪い意味でしか使われないので、誰かに言うときは、ポジティブなフレーズに言い換えるほうが無難でしょう。

↓「フレンドリー」「度胸がある」「物事に動じない」

!「八方美人」

本来は「どこから見ても欠点のないすばらしい美人」の意味です。ただ今日においては、「みんなによく見られたいと誰に対しても愛想《あいそ》よく振る舞う人」という揶揄《やゆ》する意味で使われることが多いので、ポジティブに言い換えるほうがいいでしょう。

↓

「誰とでも仲よくできる」「フランクな」「気くばり上手」

!「暗い」

一般的に他人とあまりしゃべらず、コミュニケーションを取らない人の性格を指します。ネガティブな意味で語られることが多いですが、視点を変えれば、次のようにも表現できます。

↓

「物静か」「思慮深い」「落ち着いている」

「文句が多い」

不満や苦情をよく言うこと。ネガティブな言葉は、聞かされる側からすると気持ちのいいものではありません。しかし、ポジティブにとらえると、次のようにもいえます。

↓「よく気づく」「細かいところに目がいく」「自己主張できる」

「おしゃべり」

よく話し、口が軽い人のこと。若干の侮蔑《ぶべつ》を伴って使うことが多いので、次のように言い換えるといいでしょう。

↓「話上手」「口が立つ」「社交的」

「愛想が悪い」「無愛想」

人に接するときに、そっけない言動をしたり冷たい態度を取ることを意味しています。本人は、特にそうしようと思っておらず、自覚していないことも多いものです。

↓「自然体」「媚《こ》びない」「人の顔色を伺わない」

「生意気」

自分の年齢・経験・地位・能力などを省《かえり》みず、得意気な言動・差し出がましい言動をするさまをいいます。逆にいうと、そういうものを省みずに大きな態度が取れるという性格は、次のようにもいえます。

↓「物おじしない」「自分をもっている」「自己主張できる」

!「上から目線」

「自分より地位が高かったり、経験や知識があったりするわけではないのに、自分のほうが立場が上であるかのような接し方や話し方をすること」が、もともとの意味。しかし現在では、たとえ立場が上であっても威圧的な話し方をする場合にも使われます。

…↓「リーダーシップがある」「指導者向き」「自信をもっている」

!「ずる賢い」

悪知恵がはたらき、ズルいやり方などを人よりよく思いつき、上手にやってのけることをいいます。ズルいという言葉が入っていると、悪口のニュアンスが強くなるので、別の言葉に言い換えるほうが無難です。

…↓「頭がいい」「頭の回転が早い」「したたか」

！「調子がいい」

本来はいい意味のはずの言葉ですが、人に対して使われるときは、相手の気持ちに合わせてご機嫌を取るのが上手だという、ネガティブなニュアンスが含まれることが多いようです。

↓「愛想がいい」「物腰がやわらかい」「人当たりがいい」

！「キモい」

言うほうは軽い気持ちで使うことが多いのに、言われると傷つく言葉の代表選手かもしれません。その場ではウケたとしても、使うことで得するということはありません。口に出そうになったら、別の言葉に言い換えてみましょう。

↓「存在感がある」「インパクトがある」「ミステリアス」

2章

断わりたい人も、断わられてしまった人も
——「あとくされがない」言い換え

誰かから依頼やお願いをされても、断わらなければならない場合があります。会社で上司や同僚などに仕事を頼まれれば、ついつい頑張ってしまうもの。

しかし、何もかも引き受けてしまうと、時間的にも精神的にも追い詰められてしまうこともあるでしょう。身体や心の健康を壊してしまえば元も子もありません。周りに迷惑をかけてしまい、かえって評価を下げてしまうことさえあるかもしれません。

プライベートでも、誘いや頼まれごとをなんでも引き受けていると、自分の成長や趣味のために使う時間を確保できなくなり、気持ちに余裕がなくなります。断わるべきときはきちんと断わらないと、人生いろいろと「損」をしてしまいます。

ただし、ストレートに断わると角《かど》が立つ場合が多いのも事実。その多くは言い方を少し変えるだけで解消されます。

この章では、誰かから何かを依頼されるシーンを取り上げて、どんなふうに言い換えると角が立たずに断われるかについて解説します。

くわしくは個々のケースを読んでいただくとして、まずは断わるときの根本的な考え方を紹介しましょう。

それは、次の3つのポイントに気をくばることです。

① 感謝の言葉とともに端的に断わる

相手の依頼やお願いを断わるときには、嫌われたくない思いから、どうしても曖昧な態度や長い言い訳をしてしまう場合があります。また、メールなどでの依頼では、ついつい返事をあと回しにしてしまいがちです。

しかし、それでは逆効果になることが多い。

断わりたい場合は、返事はできるだけ早く、短く端的《たんてき》に断わりましょう。

ただし、「お断わりします」「結構です」とだけ返すと、あまりに冷たい印象になってしまうので注意が必要です。

また、「ゴメンなさい」と謝るよりも、

「依頼していただきありがとうございます」

「誘っていただきありがとうございます」

という感謝の言葉とセットにして断わったほうが、相手から好感をもたれやすいでしょう。

② 拒絶でない場合は必ず代替案を

メールやラインなどで、誘いなどを断わるときに「また誘ってください」などと書いたりする場合も多いかもしれません。

これでは「社交辞令」なのか、「もう誘ってほしくない」のかわかりません。

もう二度と誘ってほしくない場合は社交辞令は書かないほうがいいでしょう。

逆に拒絶ではなく、今回は都合が合わなかったけど、ぜひ実現したいと思う誘いには、

「いついつだったら都合がつきます」

などの代替案を提示すればいいのです。

③ 理由がなくてもいい——ときにはウソも方便

依頼や誘いを断わるとき、何か理由が必要だと考えていませんか？

「ちょっと用事があって」のような曖昧な理由で断わってもいいですし、多少のウソは方便と考えても構いません。

SCENE 12

「ごめんなさい」だけでは、断わっていると伝わらない

「ごめんなさい」「すみません」

「大変心苦しいのですが、今回はお受けすることができません。理由は……」

こんな「前置き」があれば相手も納得

「ごめんなさい」や「すみません」では、断わりの意思が明確に伝わりません。きちんと断わった上で、理由について説明しましょう。

また、**断わる際に有効なのが「クッション言葉」**です。

クッション言葉とは、そのまま伝えてしまうとキツい印象や不愉快な感情を与えるようなフレーズに対して、その衝撃をやわらげるクッションのような役割を果たす前置きのことをいいます。

たとえば、誘いを断わるときであれば、

「せっかくのお誘いですが」
「大変心苦しいのですが」
「願ってもないお話ですが」
「不本意ながら」

などのクッション言葉がオススメです。

また、相手と少し距離をおきたいときには、わざと「誠に遺憾《いかん》ですが」というような、少し硬めのクッション言葉を使うというワザもあります。

SCENE 13

「本当はやりたい」などの社交辞令は逆効果

「本当はやりたいんですけど……」

「あいにく都合がつきませんので、辞退させていただきます」

ヘタな言い訳より「都合がつきません」

断わりづらいときに、うっかり「できればやりたい」「本当はやりたいんだけど……」などと言ってしまっていませんか？

相手は「やりたいならやってよ！」という気持ちになります。

とはいえ、「できません」ではストレートすぎます。

そんなときに都合のいいのが「都合がつきません」という表現です。

「都合」にはさまざまな意味がありますが、「都合がつきません」と使うときには「日程・時間・条件が合わずに物事が実施困難である」という意味で使われます（お金を支払わなければならない状況なのに、払えないときにも使います）。

具体的な理由を細かく述べれば述べるほど、言い訳がましく聞こえてしまうので、そんなときは「都合がつきません」という言葉で断わったほうが、相手も悪い気持ちになりにくいものです。

「あいにく」「誠に勝手ながら」などのクッション言葉があると、より表現がやわらぎます。

SCENE
14

やりたい気持ちはあるけど引き受けられない

「今日中は無理です」

「今日中は無理ですが、明日の午前中までならできます」

物理的に難しい場合には代替案を

「今日中にこの仕事をやってくれる?」と依頼されることがあります。

時間があれば簡単にできる案件でも、その日は仕事が立て込んでいて、手をつけられないこともあるでしょう。

相手の要望はきいてあげたいのだけど、自分の時間には限りがある。そんなタイミングが悪いとき、無理して相手の要望だけを優先してしまうと、何かを犠牲《ぎせい》にしなければならなくなります。

そのような無理は続きません。とはいえ「無理です」とバサッと断わってしまうと、相手を拒否しているように聞こえ、人間関係にひびが入ってしまうことさえあります。

時間のタイミングさえズラせば、相手の要望がきける場合は、代替案を提示するといいでしょう。「明日の午前中までならできます」というように。

そうすることで、相手に寄り添っている姿勢を見せることができる上に、相手のメンツをつぶすことなく「今日中」という無理な注文を断わることができるのです。

SCENE 15

やるかやらないか曖昧な返事では頼む側も困る

「わかりました。できるかどうかはわからないですが、やれたらやります」

「今急ぎの案件に取りかかっていて、それが終わり次第、取りかからせていただきます」

相手が判断できる材料を

依頼する側の立場で考えると、相手から曖昧な返事がくることほどフラストレーションがたまることはありません。

「やれたらやる」って、「やるのか？　やらないのか？　どっちなんだよ」と心の中で毒づいているかもしれません。

これでは、依頼者はあなたがやってくれることを前提で進めていいのか、別の人に頼んだほうがいいのか迷ってしまいます。

たとえ今すぐは手がつけられないとしても、「今どうしてできないのか」という具体的な理由や状況を伝えるといいでしょう。たとえ手がつけられる日時が明確ではなかったとしても依頼者は、大まかなスケジュールの目安を立てることができます。

その上で「それが終わったらやる」という明確な意思を伝えれば、依頼者はそれでもあなたに頼むかどうかの判断材料を得ることができます。あなたの信頼が損なわれることはありません。

毒づかれるのではなく、信頼を勝ち取りたいものです。

SCENE 16

次から次へと頼まれてしまうときに

「今忙しくて、どうしましょう……」

「わかりました。ではこの仕事を優先的にやります。今やっている仕事のうち、どれをあと回しにしていいですか？」

新しい案件を受けるリスクを語る

仕事の優先順位をしっかりつけて着実に進めていたのに、そんなのお構いなしに上司から新しい案件の依頼がきたとします。せっかくの自分のペースが崩《くず》されてしまい、イライラしてしまう瞬間ですね。

受けてしまうと大変なことになるし、断わってしまうと角が立つ。

悩みますよね？

そんなときに打つべき一手が、優先順位の提案です。

「わかりました」と応じた上で、自分の状況を説明して優先順位を決めることを上司に委《ゆだ》ねます。そうすることで、上司は今頼もうとしている仕事と、現在部下が取り組んでいる仕事の優先順位を決めざるを得なくなります。

その結果、新しい仕事は別の人に依頼したり、もっと負担にならない違った提案をしてくれたりするかもしれません。

得するために優先するのは、「モヤモヤしながら受けること」でも、「きっぱり断わること」でもなく、「相手に自分の状況をわかってもらうこと」です。

SCENE 17

その場で返事しなければいけない決まりはない

「わかりました……。やります」

「少し考えさせていただいた上で、お返事させていただいてもいいですか？」

即答しにくいときは、のちほど改めて

誰かからの依頼を断わりきれなくて受けてしまい、のちに冷静になって考えると、「なぜ受けてしまったのだろう?」と後悔した経験はありませんか?

受けていいかどうか少しでも迷いがあるような依頼に対しては、必ずしもその場で返事しなければならないという決まりはありません。

例文のように**その場では判断を下《くだ》さず、一度持ち帰って冷静になってから判断しても遅くない**のです。

バリエーションとして「持ち帰って上司と相談して、改めてお返事させていただきます」というような言い方もあります。こちらは、断わることはわかっているときにも使えます。

もちろん、これはビジネスシーンだけではありません。洋服などを試着したときも、何かしっくりこなければ「少し考えてからにします」「ちょっとほかの店も見てからまたきますね」など、即答しないという手が使えます。

断わるのが苦手な人は「即答しない」をうまく使いこなしましょう。

SCENE 18

日頃から世話になっている相手からの提案を断わる

「大変心苦しいのですが、今回の提案は難しそうです」

「ほかでもない○○さんからのご提案ですが、今回は見合わせることになりました」

希望をもたせるニュアンスで

お世話になった方からの提案であれば、無条件に引き受けたいところですが、そうもいかないこともあります。

断わるときはまず「○○さんのことが大事である」ということを伝えましょう。便利な表現として使えるのが「ほかでもない」という表現です。「大事なのはまさにこのことであって、別のことには代えられない」という意味から、「特別である」ということを伝えることができます。

また、「見合わせる」という表現には、「実行するのをいったんやめて、様子を見る」という意味があります。

つまり、断わりつつも、「未来永劫《えいごう》実行しないと決まったわけではない」という希望をもたせるニュアンスも含まれるので、**「これに懲《こ》りず、これからもおつき合いしていきたい」という想いをこめることができます。**

その思いをより強く表現したいのであれば、「次回こそは、ご期待に沿えるよう努力いたします」などといったフレーズをつけ加えるのもいいでしょう。

SCENE 19

お誘いに行く気があってもなくても

「ごめんなさい。その日は先約があって……」

①「ありがとうございます。あいにくその日は行けませんが、来週ならば行けます」

②「ありがとうございます。あいにくその日は行けません。誘っていただき感謝です」

「代替案」パターンか「感謝」パターンで

イベントや食事などの誘いを断わるとき、「すみませんが……」「ごめんなさい……」などの言葉で始める人もいるでしょう。

こんなふうに謝罪から入る言葉で断わられると、誘ったほうも「誘って迷惑だったかな」と思うし、断わった本人も「申し訳ないことをした」と思ってしまいます。

どちらにとっても、あまりいい気分にはなりません。

さらにいうと「先約があって」という断わり方はあまりオススメできません。

なぜなら、「本当は行きたいけど先約があるから断わる」のか、「先約がなくても断わりたい」のかがハッキリしないからです。

まずは誘っていただいたことには「ありがとうございます」と感謝してから、

前者の場合は①のように、**この日なら行けるという代替案**を用意する。

後者の場合は②のように、**代替案なしに誘ってくれた感謝**だけを述べる。

というふうに使い分けるといいでしょう。

SCENE 20

しつこいお誘いには

「今日はダメだけどまた誘って」

「今は仕事が立て込んでいるので、落ち着いたらこちらから連絡するね」

行く気にならないときは「こちらから誘う」と伝える

断わるのが苦手な人がいます。

たとえば、その人からの誘いは基本的には行きたくないと思っていても、誘われるとつい、「今日はダメだけどまた誘って」なんて言ってしまう人です。

毎回のように「今日はダメだけど」「その日は都合が悪い」というふうに理由をつけて断わると疲れてしまいます。

相手が強引だと、「じゃあ、空いている日を教えて」なんてきかれてしまう可能性もあります。

そうなれば、どうにも断わりづらくなってしまいます。

そんなときに便利なフレーズが「こちらから連絡する」です。

例文のように「仕事が立て込んでいる」という理由以外にも**「今はそんな気分じゃないから」「しばらく忙しいから」などと理由をつけて「こちらから連絡する」と伝える**といいでしょう。

そう言われると、それ以上は連絡しにくいものです。

SCENE 21

接待の申し出や贈り物などをやんわり断わりたい

「受け取れません」

「お気持ちだけありがたく頂戴いたします。今後はどうかお気遣いなさいませんよう、申し上げます」

「お気持ちだけ」という便利フレーズ

相手から、いきすぎと思われるような対応をされることがあります。

過剰な接待や贈答品などをいただくケースです。

会社の規定で受け取れない場合もあります。

困ってしまいつつも、ストレートに「受け取れません」「迷惑です」と言うのは角が立ちます。

そんなときに便利なのが、「お気持ちだけありがたく頂戴《ちょうだい》します」や「お気遣いなさいませんよう」というフレーズです。

「お気持ちだけ頂戴します」は、「相手に配慮して、申し出やお誘いを断わる」ときの丁寧な表現です。

「お気遣いなさいませんよう」は、「気を遣わないでください」という意味である「お気遣いなく」の丁寧語です。

合わせワザで、**接待の申し出や贈り物などの配慮はありがたいけど、やんわり断わりたい気持ちを表現することができます。**

HINT

「自分の性格」を言い換えてアピール
――もう、欠点が気にならない

面接や自己紹介などで、自分の長所や短所を話さなければならないときがあります。

一般的に長所とは「いい特徴や性格」であり、短所とは「改善すべき特徴や性格」のことをいいます。

しかしながら、実は長所と短所は表裏一体の関係にあります。

たとえば、「協調性がある」というと長所に聞こえますが、裏を返すと「自己主張が苦手」「同調圧力に弱い」などと短所になってしまうこともあります。

同じように、次のような長所は短所にも置き換えられます。

「責任感がある」↓「ひとりで抱え込んでしまう」
「明るい」↓「能天気」
「集中力がある」↓「周りが見えていない」

つまり、自分が短所だと思っているところも、裏を返せば長所になります。短所を語ると損すると考えがちですが、伝え方によってはアピールポイントになります。

たとえば、自分に「気が弱い」「自己主張が苦手」という短所があるのであれば、「私は気が弱く自己主張が苦手ですが、そのぶん、人の意見をよくきくことができ、協調性があります」というふうにアピールすればどうでしょう？

プラスの印象を与え、「得」することがあるかもしれません。

また、自分の長所が見つからないときにも、短所を元に対応する長所を導き出すことができます。次ページ以降の言い換え例を参考に考えてみてください。

！「飽きっぽい」

物事に興味をもってもすぐに興味ややる気を失い、移り気で物事が長く続かない性格のことをいいます。何かの成果を生み出すためにはマイナスな部分もありますが、ポジティブにとらえると、次のようにも考えられます。

↓「好奇心旺盛《おうせい》」「いろいろなことに興味がある」「見切りが早い」

！「優柔不断」

いざというときの決断がなかなかできない性格のことをいいます。「グズグズしている」「ハッキリしない」など、一般的にはネガティブに思われることが多いようですが、次のように言い換えることもできます。

↓「慎重」「熟慮して決める」「物事をよく考えられる」

！「意志が弱い」

勉強やダイエットなど、何かをやろうと決めても、最後までやり遂げることができずに、挫折《ざせつ》してしまうような性格のことをいいます。ついつい自分を責めがちですが、考えようによっては、次のようにアピールできます。

…↓「気持ちに忠実」「柔軟性がある」「その時間を大切にする」

！「計画性がない」「行き当たりばったり」

きちんと計画を立てずに、行き当たりばったりに行動してしまう性格のことをいいます。もちろんマイナスにはたらくこともありますが、ポジティブにとらえると強みにもなります。

…↓「アドリブに強い」「臨機応変に対応できる」「まずやってみる」

!「意地っぱり」

一般的に「自分の意見をかたくなに変えない性格」「どんなときも自分の意地を押し通す性格」をいいます。素直でないことで損をすることが多い性格ではありますが、次のようにもいえます。

…↓「ブレない」「信念をもっている」「筋が通っている」

!「要領が悪い」

物事を処理するのに時間がかかってしまったり、物事に優先順位をつけるのが苦手で手際が悪く、不器用な人や性格のことを指します。マイナスしかないようにも思われますが、そんなことはありません。

…↓「愚直《ぐちょく》にやりきる」「損得勘定に流されない」「真面目」

「心配性」

人から見れば些細《ささい》なことに気をかけてしまう。悪い事態を想定して悲観的になってしまうというような性格のことをいいます。しかし、何が起こるかわからない世の中において、心配性であることがプラスになることもあります。

↓「リスク管理ができる」「最悪の事態に備える」「想像力がある」

「せっかち」

「せっかち」とは、先へ先へと急ぐ、落ち着かない様子を表わす言葉です。いつもせかせかしている人を「せっかちな人だ」と表現します。プラスに表現すると、次のようになります。

↓「決断が早い」「テキパキしている」「瞬発力がある」

！「口ベタ」

人と話すことが苦手で、自分が思っていることをうまくしゃべれない。自分が意図したことをほかの人に伝えられない人や、その様子のことをいいます。損する性格だと思われがちですが、必ずしもそうではありません。

…→「口が固い」「聞き上手」「言葉に重みがある」

！「メンタルが弱い」

大事なときに力を発揮できなかったり、ちょっとしたことですぐに落ち込んだり、気持ちが弱くなってしまう人のことをいいます。最近は「豆腐《とうふ》メンタル」などという言い方もします。

…→「繊細」「神経が細かい」「感受性が強い」

「あきらめが早い」

「あきらめ」とは、もう希望や見込みがないと思ってやめることを指します。一般的には「目的未達成でやめてしまう」ことなので、ネガティブなイメージですが、次のようにもとらえることができます。

↓「損切りできる」「切り替えが早い」「サバサバしている」

「あきらめが悪い」

前項の逆で、「もう希望や見込みがない」と思っても、その物事に執着《しゅうちゃく》し続けてあきらめないことを指します。「現実を受け入れられない」というネガティブな意味で使われることが多いですが、次のようにもいえます。

↓「ねばり強い」「執着心がある」「根性がある」

「落ち着きがない」

じっとしていられずに、せわしなく動いている様子のことをいいます。やることが多くて行動する場合もあれば、性格的にいろいろなものに興味が移って、じっとしていられない場合もあります。

…↓

「常にアンテナを張っている」「探究心がある」「マルチタスク」

「神経質」

わずかなことにも過敏《かびん》に反応してイライラしたり、細かいことまでいちいち気に病《や》む性格のことをいいます。ネガティブなイメージですが、見方を変えれば、次のようにもいえます。

…↓

「几帳面《きちょうめん》」「細かなことに気づく」「完璧主義」

「頑固」

かたくなで、滅多なことで自分の態度や考えを改めようとしない人のことを指します。逆にいうと、人の意見に左右されずに自分というものをもっているということもできます。

…↓「自分をもっている」「意志が固い」「こだわりが強い」

「プライドが高い」

一般的には、自分の知識や能力に必要以上に自信を持っていることで、鼻持ちならない状態になっている人のことを指します。嫌われることが多い性格ではありますが、いい意味で「プライドが高い」ことは悪いことだけではありません。

…↓「上昇志向がある」「誇りをもっている」「卑屈《ひくつ》にならない」

「単純」

性格を表わす「単純」は、考え方やとらえ方が素直な人のことを指します。悪い意味だけではないのですが、「物事を深く考えていない」「お人好《よ》し」などといった皮肉な意味で使われることも多いので、注意が必要です。

…→「素直」「純粋」「まっすぐ」

「大雑把《おおざっぱ》」

細かいところまで目をくばらず、雑な部分があることをいいます。逆にいうと、おおらかな性格ともいえますし、仕事などでは全体を大きくとらえている場合もあり、プラスにはたらくことも多いです。

…→「おおらか」「豪快」「全体像をとらえる」

！「人見知り」

「初対面の人と気軽に話せない」「知らない人の前だと緊張する」などの性格のことをいいます。一般的には短所と思われていますが、初対面からベラベラしゃべる人よりも信用されることも多いです。

↓「打ち解ければ仲よくなれる」「観察力がある」「チャラくない」

！「取り柄がない」

「取り柄《え》」とは、その人がもつ能力の中でも特にすぐれている点を指します。他人との比較ではないので、「取り柄」がないということは本来ないのですが、目立った取り柄がない場合は、次のように言い換えることができます。

↓「バランスが取れている」「オールラウンダー」「ゼネラリスト」

3章

感謝する人も、される人も
——「うれしくなる」言い換え

ビジネスにおいてもプライベートにおいても、誰かから感謝されたり、ほめられたりすることはうれしいものです。

人から感謝されたりほめられたりすると、承認欲求が満たされます。その結果、自信がつき、モチベーションも高まります。声がけをしてくれた人に対して、好感をもちやすくなります。

感謝したりほめたりする側からしても「得」することだらけです。

相手が部下であれば、モチベーションが高まり、仕事にいい影響がでます。上司であれば、目をかけてくれるようになるかもしれません。その結果、人間関係に好影響を及ぼします。

また、日常から感謝することやほめることを心がけていると、自然と他人のいいところに目がいくようになります。その結果、相手のことも好きだと思うようになり、さらに感謝したりほめたりしたくなるようになります。好循環のループが生まれるのです。

ただし、歯の浮くような「感謝」や「ほめ言葉」では、むしろ逆効果になってしまうことも多々あります。

くわしくは個々のケースを読んでいただくとして、まずは感謝するとき、ほめるときの根本的な考え方を紹介しましょう。それは次の３つのポイントに気をくばることです。

①結果だけでなくプロセスを評価する

一般的に誰かに感謝したりほめたりするときには、その結果に対して言うことが多いものです。もちろん結果をほめることも重要ですが、たとえ成果が伴わなかったとしても、努力したプロセスにも目を向けて評価するようにしましょう。

②外見ではなく内面・行動・センスなどを評価する

感謝はともかく、人をどうほめたらいいかわからない、という方もいるかもしれません。注意したいのは、今の時代（特にビジネスの場では）、外見に対する評価を口にすることは、基本的にＮＧであるということです。

では、何についてほめればいいのか？

それはその人の内面であったり、行動であったり、持ち物などのセンスです。すぐにわかる長所ではなく、本人も気づいていないような視点でほめると、さらにいいでしょう。

③ 面と向かって以外にも評価を口にする方法はある

一対一で面と向かって、感謝したりほめたりするのが、恥ずかしく感じる人も多いかもしれません。そうだとしたら、次のようなほめ方をしてみてはいかがでしょうか？

面と向かってほめる以上に効果が生まれるかもしれません。

・本人がいないところで感謝する（ほめる）

直接、感謝したりほめたりするのではなく、本人がいないところで（第三者に）、感謝を口にしたりほめたりしましょう。第三者から人づてに本人へ伝わったとき、感謝の言葉やほめ言葉は真実味を増し、効果は倍増します。

・第三者が感謝していたよ（ほめていたよ）という形でほめる

前項と立場を変えて、「○○さんが感謝していたよ（ほめていたよ）」と本人に伝えてあげる役割をしましょう。言われた本人は、ほめてくれた「○○さん」のことはもちろん、伝えてくれた「あなた」に対しても好感をもちます。

・人前で感謝する（ほめる）

会議など、大勢の人の前で感謝を口にしたり、ほめたりするのも効果的です。本人の性格にもよりますが、多くの人の前で感謝されたりほめられたりすることは、大きな励みになります。

以上の3つのポイントを踏まえた上で、次ページからの、具体的なシーンでの言い換えを参考にして、感謝したりほめたりしてみましょう。

SCENE 22

「頑張りがいがあった!」と思わせる

「ま、いいんじゃない?」

「かなりよくなったよ。ありがとう!」

よくなった部分に具体的に感謝する

仕事の結果にひとまずOKを出す意味で、「ま、いいんじゃない？」という言い方をすることはありませんか？　仕事を頼まれた側は、ダメ出しがないぶん、ホッとはするでしょう。でも、報《むく》われた気持ちになるかというと疑問です。頑張ったかいがないように感じるのではないでしょうか。

これがくり返されれば「この人からの依頼はちょっとなぁ」と敬遠《けいえん》したくなるかもしれません。頑張ってもたいして喜ばれないのであれば、OKラインまでやればいいやと思われてしまいます。

それよりも、「頑張って期待に応えたい」と思ってもらえるほうが得です。「いいんじゃない？」で終わらせず、よくなった部分をほめ、感謝するようにしましょう。**「この部分がわかりやすくなった」などと具体的に伝えられれば、さらにいい**ですね。

喜んでもらえたという実感が、仕事の報酬にもなるものです。進んで仕事を引き受けたいと思ってもらえるでしょう。

SCENE 23

せっかくほめたつもりが……

「今日は頑張っているね」

「いつも頑張っているね」

皮肉に聞こえないために

頑張っている様子をほめたいとき、「今日は頑張っているね」という言い方では、誤解を招く場合があります。「普段は頑張っていないとでも言いたいの？」などと皮肉として受け止められては逆効果。よかれと思ってほめたのに、イヤな気分にさせてしまいます。

ほめた側も、悪い印象をもたれてしまっては損です。せっかくほめるなら、相手にきちんと伝わるほめ方をしたいですね。

ですから、今日の頑張っている姿をほめたいときは「いつも頑張っているね」と言い換えて伝えるといいでしょう。これだけで印象は全然違います。**ほめられた側は「いつも見てくれているんだな」「頑張りを認めてくれているんだな」と感じます。**声をかけてくれたことに、感謝の気持ちが湧《わ》くに違いありません。

これまでは頑張り不足だったという自覚がある人は、「見てくれているから、これからも今日のように頑張ろう」という気持ちになるでしょう。

特に今日の頑張りを強調してほめたい場合は、「いつも以上に頑張っているね」と言えば皮肉には聞こえません。

SCENE 24

新人に対してえらそうにならないように

「資料作りがうまくなったね」

「たった1カ月で資料作りがずいぶんうまくなりましたね。見やすくて助かっています」

それがどれだけ役立ったかを具体的にほめる

仕事で成長を感じられるのはうれしいものです。でも、自分ではどの程度成長できているのかわからないことも、往々にしてあります。近くで見ている人が具体的にほめてくれたら、ありがたいですね。

新人の成長に対し、「資料作りがうまくなったね」とほめるのも悪くはありません。ただ、「うまくなった」というひと言だけでは、上から目線に思われることもあるでしょう。えらそうな印象をもたれてしまっては損です。

また、せっかくほめても、特に仕事に慣れていない新人は、自分の成長度合いにピンとこないかもしれません。

「たった1カ月で」と、その成長スピードを具体的にほめたり、「図表が的確で見やすくなった」と、**特に成長が感じられるポイントを具体的にほめたりすることで成長が実感できます。**

新人は、自分の仕事が「本当に役に立っているのだろうか？」と不安に感じることもあるでしょう。「見やすくて助かっている」と具体的に感謝を伝えれば、ますますやる気も出るというものです。

SCENE 25

やってもらった仕事に感謝する

「資料、助かったよ」

「作ってくれた資料、わかりやすくて商談が進めやすかったよ」

「ちょっとした工夫」がほめられるとうれしい

やってもらった仕事に対して、感謝を「助かったよ」のひと言だけで済ませていませんか？　仕事を頑張った側は、「喜んでもらえたんだな」ということはわかりますが、自分の仕事が具体的にどう役立ったかまではわかりません。どう役立つかわからなければ、次回に向けて工夫もしにくいといえます。

仕事をやってもらって助かったなら、どこでどう役立ったかを具体的に伝えて感謝するといいでしょう。

「作ってくれた資料がわかりやすくて商談が進めやすかったよ。お客さんが混乱しやすい部分も、図になっていたからすぐにわかってもらえた」。そんなふうに伝えれば、**自分の仕事が役立ったシーンがイメージできます。頑張ってよかったとうれしく思う**はずです。

そして、「もっと商談を進めやすくするために、わかりにくいところを見つけよう」と自ら工夫することだって可能でしょう。

具体的に感謝する言い換えをすることで、いい循環が生まれるわけです。

SCENE 26

いつもお世話になっている人には

「ありがとう」

「いつも助かっています。ありがとう」

「こんなお礼」でもっと可愛がってもらえる

仕事上でもプライベートでも、いつも手助けをしてくれる人、お世話になっている人がきっといることでしょう。「納期に間に合わないとあせっているとき、作業を手伝ってくれたことが何度もある」「ＰＴＡ役員の仕事を代わりに引き受けてくれたり、帰りが遅いときに子供を預かってくれたりしたことがある」――。

とてもありがたいですね。

そんなふうにお世話になっている人に対しては、その旨《むね》がわかる感謝の言葉を伝えたいものです。「いつも助かっています。ありがとう」と言えば、**今回だけでなくいつも助かっていること、それに感謝しているということが伝わります。**

快く手助けをしてくれる関係性をありがたく思う気持ちも、伝わることでしょう。

今後も助けてほしいと言うときも、この言い方が役立ちます。自分はいつも助けてあげられている、役に立てると感じる人からのお願いは無下にできません。「私のほうで手助けできることがあれば言ってね」とつけ加えれば、さらにいいですね。実際にできるかはさておき、その気持ちを伝えるのが大事です。いい関係性が続けられることでしょう。

SCENE 27

見た目をほめるのはNG。行動をほめるのはアリ

「美人（イケメン）ですね」

「○○さんの会議での発言、カッコよかったですね」

「行動や発言」に注目

ビジネスの場においても、ほめ言葉は潤滑油《じゅんかつゆ》です。できるだけ積極的にほめるようにしたいもの。

ただし注意したいのは、今の時代（特にビジネスの場では）、外見や容姿に対する評価を表立って口にすることは、基本的にNGだということです。これは女性に向けての発言だけでなく、男性に向けても同じです。

日本ではまだまだ甘いようですが、海外においてはルッキズム（＝外見や容姿を判断基準とすること）に基づいた発言をフォーマルな場ですることには、厳しい目を向けられています。今後は、日本でもそのような考え方が基準になっていくことでしょう。

職場でほめやすいのは、相手の行動や発言です。

たとえば、会議での相手の発言を拾って、「いい意見でしたね」「カッコよかったです」などのようにほめるのです。ほめられたほうはうれしいし、モチベーションも上がります。それを見たあなたも、きっとうれしくなるはず。

ただし（当たり前ですが）、ほめるのは本当に思ったときだけにしましょう。

SCENE 28

第三者が話していた言葉を伝える

「すごいね」

↓

「部長も『〇〇さんはすごいな』とほめていたよ」

当人のモチベーションは爆上がり

ただ「すごいね」とほめるより、「部長も、あなたのことをすごいとほめていたよ」と第三者の言葉を交《まじ》えてほめると効果は倍増。

ほめ言葉の説得力が増すからです。

直接ほめられるのもうれしいのですが、「お世辞《せじ》なのでは?」「気を遣っているのでは?」と感じる場合もあります。照れもあって、ストレートに受け止められない人もいるでしょう。

一方、**自分がいない場所で話題になり、ほめられているのなら素直に受け取りやすい**のです。本心で言ってくれているのだとうれしく感じます。陰《かげ》でほめてくれている部長のことはもちろん、それを伝えてくれたあなたにも好印象をもつでしょう。部長にもあなたにも、得なほめ方なのです。

「さすがのプレゼン力で、知っている内容なのに引き込まれたって感心していたよ」というように、具体性があるとさらに説得力が出ます。

立場を変えて、本人のいない場所でほめて、第三者に伝えてもらうのもいいですね。ほめられた人はモチベーションがアップするに違いありません。

SCENE 29

「アドバイス」してくれた相手には

「例の件、うまくいきました」

「例の件、うまくいきました。○○さんのアドバイスのおかげです」

相手の自尊心をくすぐる感謝の仕方を

仕事にしろプライベートなことにしろ、相談にのってくれた人にはなんらかの報告をしたいところです。

成功の報告は、「あなたのおかげで」という言葉をつけ加えて伝えるといいでしょう。

そう言われた相手は、成功をうれしく思うとともに、自尊心も満たされます。**自尊心を満たしてくれるあなたを好ましく思い、また協力したいと思ってくれる**に違いありません。

関心を寄せてくれている人ほど、自分のアドバイスは役立ったのだろうかと心配しているものです。「うまくいった」という報告だけでは、物足りなさを感じるのではないでしょうか。「○○さんのアドバイスのおかげ」「○○さんに相談してよかった」と言われたらホッとするし、うれしい気持ちになります。

実際にうまくいったのは本人の努力が大きいのでしょうが、「○○さんのおかげ」と言うことで、謙虚な姿勢を表わすこともできます。

周囲に感謝できるあなたの印象は、アップするはずです。

SCENE 30

ほめてくれた相手には

「ありがとうございます」

「○○さんにほめられると、なおさらうれしいです」

すかさず、ほめ返す

あなたは、人にほめられたとき、どのように返していますか？

日本人は謙遜《けんそん》するのが得意。「そんなことありません」と言いたくなるかもしれませんが、せっかくほめてくれているのですから否定せず、受け止めて感謝するのがいいでしょう。

ほめたほうも、感謝されればうれしい気持ちになり、「ほめてよかったな」と思うものです。

ただ、「ありがとうございます」だけではもったいない。ほめてくれた人の自尊心を満たす返し方があるのです。

それが「○○さんにほめられると、なおさらうれしい」という言葉。**ほめてくれた人が特別なのだという気持ちが伝わります。**

「この分野にくわしい○○さんにほめられたことがうれしい」「私が尊敬している○○さんにほめられたことがうれしい」といった意味があるのです。ほめた人は、ほめ返されているようなものですね。

相手をハッピーにさせて人間関係を良好にする、得な返し方です。

SCENE 31

相手の能力は質問形式でほめる

「資料作りがうまいですよね」

「どうやったら、〇〇さんみたいに資料をうまく作れるようになるんですか？」

あざといくらいでちょうどいい

相手の能力をほめるとき、「どうやったら、あなたのようになれますか？」と質問形式にすると印象が変わります。

「資料作りがうまいですよね」という言い方だと、場合によっては「資料作りがそんなにうまくてもね」というニュアンスに受け取られるかもしれません。話し手が、その能力自体に重きを置いているかどうかは、わからないからです。ほめたつもりなのに誤解が生じては損です。

でも、「どうやったら、○○さんみたいに資料をうまく作れるようになるんですか？」という言い方からは、リスペクトが感じられます。「自分はそこまでできないから、教えてほしい」と言っているわけです。**質問されたほうはうれしいですし、そうやってほめてくれている相手の力になりたいと思う**でしょう。そして、ノウハウやコツを伝授してくれるかもしれません。

あるいは、「資料作りはまかせてよ。あなたはプレゼン能力があるんだから、そっちに力を入れたらいいよ」と、強みを活かし合える関係になれるのではないでしょうか。

SCENE 32

感謝は大勢の前で伝えるのもアリ

「A社のプレゼンがうまくいきました」

「○○さんから事前に教えていただいた貴重な情報のおかげで、A社のプレゼンがうまくいきました」

相手の自尊心がぐんと高まる

一対一でほめるより、大勢の前でほめるほうが効果が高い場合はよくあります。相手の自尊心が高まり、モチベーションをアップさせることができます。

大勢の前でほめられたり、感謝されたりすれば、それだけ自分に価値があるのだと感じますよね。逆に、あるプロジェクトについて力を尽くした自負があるのに、それについて何も触れられなければ、ガッカリするのではないでしょうか。アドバイスしたのに無視されていると感じるかもしれません。

会議で「A社のプレゼンがうまくいきました」と報告するとき、あとから一対一で「○○さんのおかげです」と感謝することもできます。でも、せっかく場があるのですから、大勢の前で感謝を伝えましょう。名前を出して「○○さんから事前に教えていただいた貴重な情報のおかげで、うまくいきました」というように伝えれば、その場にいる人たちは認識することができますし、感謝の輪が広がっていくでしょう。

一対一でほめるのが照れくさい場合にも、このほめ方はオススメです。感謝をしっかり伝えつつ、本人はモチベーションアップ。いい循環ができるのです。

SCENE
33

難しい依頼をしたあとに不安になったら

「大丈夫でしょうか？」

「〇〇さんにやっていただけたらもう安心です」

ほめながら様子を伺う

難しい依頼を引き受けてくれた相手に対して、「大丈夫でしょうか？」と確認したくなる気持ちはわかります。依頼を投げっぱなしでは心配ですね。でも、心配を前面に出しては損です。

「自分は頼りないと思われているのかな」「心配させてしまって申し訳ない」という気持ちにさせてしまいます。それより、**相手の能力を思いきりほめて、頼りにしていることを伝える**ほうがいいでしょう。

難しい内容ではあるけれど、「○○さんにやっていただけるなら安心です」と伝えれば、信頼していることがわかります。信頼感が伝われば、やる気もアップ。頑張りたいと思ってくれることでしょう。「○○さんなら最初から完成度が高いので、こちらに余裕がない状況でも安心してお願いできます」「経験豊富で細かいところにも気づいてくださるので安心です」というようにほめて頼りにすることです。

その上で、「難しいところがあれば言ってください」「疑問点はいつでもきいてください」というように、声をかければ不安も減ります。

SCENE
34

料理を作ってくれた相手に

「ごちそうさま」

「ごちそうさま。おいしかった！　ありがとう」

「ごちそうさま」プラスアルファを

食事のあとの当たり前のあいさつ、「ごちそうさま」。料理を作ってくれた人に対して感謝の気持ちをこめて「ごちそうさまでした」と言うことはありますが、それだけではきちんと伝わらないかもしれません。

家族のために毎日料理を作ってくれている人や、レストランで料理を出してくれている人に「おいしかった！　ありがとう」と言葉にして伝えてみましょう。**「ごちそうさま」は言われ慣れていても、きちんとおいしかった喜びを伝えてくれる人は少ない**ものです。そのひと言があるだけで、うれしい気持ちになるでしょう。おいしく食べてもらいたいと、一所懸命に作っているのですから。

ちなみに海外には「ごちそうさま」にあたる言葉がありません。ですから食事のあとは、料理を作ってくれた人やお店の人に「おいしかったです」「ありがとう」と声をかけるのが普通です。

本来、日本の「ごちそうさま」には料理を作ってくれた人を労《ねぎら》う気持ちが表現されていますが、さらに感謝の言葉を加えることで、きちんとお礼を伝えたいですね。「おいしかった」は、料理をした人にとって一番うれしい言葉なのです。

SCENE 35

パートナーや子供に手伝ってもらったら

「ありがとう」

「○○が手伝ってくれて本当に助かった」

日頃の感謝も伝えていく

家族など身近な存在に対しては、つい甘えが出てしまい、言葉を省略してしまうことも多いもの。言わなくても伝わっているだろうと思ってしまうのですね。パートナーが何かしてくれたとき、子供がお手伝いをしてくれたとき、「ありがとう」とひと言で済ませてしまうのもよくあることです。

でも、身近な人にも、感謝の気持ちはしっかり伝えたほうがいいのです。感謝を伝えないことで、関係性が悪くなることだってありえます。「手伝って当たり前だと思っているんでしょ?」と、不満をつのらせることにもなります。

ぜひ積極的に「○○が手伝ってくれて本当に助かったよ」と言葉にして伝えてみましょう。そのひと言で、手伝ったほうは役に立てたことをうれしく思います。**手伝ってよかったなと思えることでしょう。そして、あなたが何か手伝ったときも感謝してくれるはず**です。

感謝を伝えたりほめたりすることを心がけていると、相手のいいところにさらに気づけるようになります。好循環のループができます。自分に一番近いところから、あたたかい感謝の輪を広げていきたいですね。

HINT

「店やコンテンツ」の評価を言い換える

――イメージがこんなに変わるなんて！

入った飲食店で「味が落ちた」「店員の態度が悪い」と批判する人がいますよね。また、映画やドラマなどの、コンテンツの批判や悪口を言う人もいます。

言う側はそういうふうに言うのがカッコいいと思っているのかもしれませんが、聞く側には決していい印象を与えません。「あの人、いつもネガティブなことしか言わない」と陰で嫌われている可能性もあります。

先述の通り、たとえ自分とは関係がないことでも、ネガティブなことを口にすると、自分の脳にも悪影響を及ぼす可能性があります（43ページ）。たとえ、ネガティブな感想が浮かんできたとしても、口に出さないほうがいいでしょう。

店・場所・コンテンツなどに対して、ネガティブな言葉が出そうになったときは、「リフレーミング」というワザが便利です。

リフレーミングとは物事を見るフレーム（枠組み）を変えることで、物事をポジティブに解釈するようにすることです。

たとえば、たまたま入った飲食店がネガティブな要素が多かったとしても、あえてポジティブな部分を取り上げてみるのです。

「狭い」→「アットホーム」
「古くさい」→「レトロな」
「騒々《そうぞう》しい」→「活気がある」

……のように。

どうせなら、そうやって人生を前向きに楽しむほうがいいと思いませんか？

ここでは店・場所・コンテンツに対する21のネガティブな表現を、ポジティブな表現に換える例を60通り挙げています。

思わずネガティブなワードが出そうになったときの、参考にしてください。

！「狭い」

面積が小さく、空間に余裕がないときに言いがちです。「狭い」ことは、次のようなプラスの側面もあります。

↓

「コンパクト」「アットホーム」「落ち着く」

！「古くさい」

いかにも古い感じで、時代遅れな印象があるときに使う言葉。しかし、裏を返せば、歴史があるということです。

↓

「レトロ」「古風な」「アンティーク」

！「騒々しい」

物音や人声が多くて、うるさいような状態のことをいいます。裏を返せば、次のようにも考えられます。

↓「にぎやか」「活気がある」「大盛り上がり」

！「安っぽい」

値段が安く、質が悪そうな様子をいいます。ネガティブな言葉ですが、それが魅力的に映ることもあります。

↓「ポップ」「キッチュ」「チープシック」

!「散らかった」

物があちこちに乱雑に広がって、ゴチャゴチャした状態になっていることをいいます。散らかっているからこそ、感じられる感覚もあります。

↓「生活感がある」「落ち着く」「いい意味でカオス」

!「使い古した」

長い間使って古くなった物のことをいいます。使い古すことで生まれてくるプラスな面もあります。

↓「味がある」「年季が入っている」「大切に使った」

!「不便」

場所が駅から遠かったり、物などの使い勝手が悪く、便利ではないことをいいます。一般的には悪いことのようにとらえられがちですが、必ずしもそれだけではありません。

…↓「わざわざ行く価値がある」「気づきが増える」「工夫の余地がある」

!「遠い」

場所が離れていることをいいます。遠くて時間がかかる場所だということは、見方を変えると、次のようにもいえます。

…↓「非日常」「知る人ぞ知る」「滅多に来れない」

「不気味」

正体や実態がわからず気味が悪かったり、気持ち悪い物や状態を表現する言葉です。一般的に嫌悪《けんお》する対象ですが、心を広くもつと、次のように言い換えることができます。

↓
「独得の存在感」「アクが強い」「キモかわいい」

「あやしい」

何であるか実態や正体がハッキリしない事物に対する、なんとなく信用できない気持ちを表わす表現。あやしいからこそ、魅力的に感じることもあります。

↓
「神秘的」「謎めいた」「なぜか惹《ひ》かれる」

！「いかがわしい」

信憑性《しんぴょうせい》が薄かったり、みだらで道徳上よくない（特に性的なことに対して）と思われる物やことに対して使われる表現です。そのぶん、心が惹かれる要素もあるわけなので……。

↓

「背徳的《はいとくてき》な」「ミステリアス」「ムフフな」

！「うさんくさい」

なんとなくあやしく疑わしく、油断できなかったり信用できなさそうな場所や人などに使われる言葉。その直感は当たることも多いのですが、あえて言い換えると、次のようにもいえます。

↓

「クセが強い」「ワケあり」「清濁《せいだく》併《あわ》せ呑《の》む」

！「つまらない」「おもしろくない」

どちらの言葉も、映画・ドラマ・小説・マンガなどのコンテンツに対して、「興味をそそられない」という評価の意味で使われます。あなたがそう思ってもみんながそう思うわけではありません。

…↓「好きな人は好きかも」「私にはわからない」「勉強になる」

！「意味がわからない」

芸術や映画などに対して、その内容がわからなくて理解できない場合などに使います。「意味不明」とも。自分の頭では理解できなくても、「評価が高い」というケースもあります。

…↓「難解」「シュール」「高尚《こうしょう》すぎる」

「ありきたり」

その他大多数と同じようなありさまで、おもしろみがないという意味で使われます。マイナスのニュアンスがある言葉ですが、本来「ありきたり」なのは必ずしも悪いとは限りません。

↓「定番」「ポピュラー」「オーソドックス」

「くだらない」

程度が低くバカらしく、真面目に取り合うだけの価値がないというものに対する評価で使います。

↓「笑える」「ゆるい」「いい意味でふざけている」

!「地味」

姿・形・色彩などに華《はな》やかさがなく、目立たないこと。本来は、ネガティブな意味だけで使われる言葉ではありません。

↓「素朴」「シック」「落ち着いた」

!「派手」

姿・形・色彩などが華やかで人目を惹くこと。本来は、ネガティブな意味だけで使われる言葉ではありません。

↓「カラフル」「あでやか」「華やか」

「悪趣味」

上品さや教養がなく、品の悪い趣味・好みのことをいいます。見方を変えれば「平凡」ではないわけなので……。

↓

「個性的」「独得のセンス」「インパクト大」

「無名」

有名でなく、世間に名が知られていないことをいいます。特定の分野で新人や実績のない人などの場合に使うことも多いです。たとえ今は無名であっても、未来にどうなるかは誰もわかりません。

↓

「将来有望」「知る人ぞ知る」「未来の有名人」

4章

注意する人も、される人も
――「心が凹まない」言い換え

会社で部下や後輩に、学校で学生に、家庭で子供に、それぞれ指導・注意しなければならないことがあります。

そのときに頭を悩ませるのが「注意の仕方がわからない」ということ。指導・注意する相手との関係性を悪くしたいわけではないけれど、仕事や学習・スポーツなどのパフォーマンスを上げてもらうためには、注意することも必要です。

ビジネスの現場では、「指導される側」から「指導する側（上司・先輩）」になって、多くの人は初めて「注意すること」の難しさを知ることになります。これまでは自分のことだけやっていればよかったのが、部下や後輩に指導・注意しなければならなくなったことで思い悩む人も多いはず。

たとえ相手がどんなに態度が悪くても、不注意からミスをくり返していたとしても、頭ごなしに怒鳴ったりミスを指摘するだけでは、それらは改善されません。自分の感情にまかせて指導し、注意していたのでは、相手の気持ちを動かすことができないからです。それでは注意する側もされる側も、「心が凹《へこ》んで」しまいます。

では、何も言わずに放置していればいいのでしょうか？　それはそれで何も改善されない可能性が高いでしょう。

指導する側は、部下や後輩が「自ら改善しなくては」と思うようにもっていくようにしなければなりません。そういう意味では、仕事だけではなく「教育」「子育て」も考え方は同じです。

この章では誰かに指導・注意するシーンを取り上げて、相手の成長につなげるには、こんなふうに言えばいいという言い換えについて解説していきます。くわしくは個々のケースを読んでいただくとして、まずは指導・注意するときの根本的な考え方を紹介しましょう。それは次の3つのポイントに気をくばることです。

①感情まかせに指導・注意しない

部下や後輩が仕事でつまらないミスをしたら、ついついカッとしてしまうこともあります。

そんなときでも、感情にまかせて頭ごなしな注意はせず、怒りが静まるまで待ってから注意・指導するようにします。もちろんこれは「教育」「子育て」などでも同じ。

また、「私はいいけど、部長が怒っていたよ」「先生に怒られるよ」などのように、第三者の言葉を使っての注意は逆効果になりやすいです。

きちんと自分の言葉で注意できるようになりましょう。

② 指導・注意する際のタイミングに気をつける

指導や注意もタイミングが命です。

基本は、相手が何かミスをしたことがわかった時点で注意します。「あのときも、〇〇でミスしたよな」「なんでいつもいつも同じことを言わせるの」などと昔のことを注意されても、本人は忘れていて効果がないことが多いです。むしろ悪感情だけが残ってしまいます。

③ どうすれば改善できるのかを自分で考えるようにさせる

指導・注意する際は、できるだけ簡潔にしましょう。

また、相手の行為について注意することはあっても、相手の人格を否定するような叱り方はＮＧです。

人と比べて注意するのも、やめたほうがいいです。

内容に関しても、自分の考え方や仕事の流儀を押しつけるのは、望ましくありません。常識や普通などという言葉で、あなたの価値観を相手に押しつけないようにしましょう。相手が自ら考えて改善し、成長していけるように仕向けるのが「指導する側」の役目なのです。

SCENE
36

相手を小バカにするような言い方はNG

「本当に理解している?」

「何か質問はないですか?」

確認は「質問はないですか?」という質問で

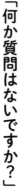

部下や後輩になんらかの段取りなどを指導しているとき、相手にきちんと伝わったかどうか、手応えがないことがあります。

そんなとき、ついつい「本当に理解している？」などと、きいてはいないでしょうか？

その言い方は、受け手にとっては小バカにされているように感じるかもしれません。理解していてもしていなくても、受け手はあなたに好感を抱くことはないでしょう。仕事へのモチベーションも下がります。

それでは、言ったあなたも損してしまいます。

逆転の発想をしてみましょう。

「理解しているかどうか」を尋ねるのではなく、「わからないこと」を質問するように導くのです。

これだと目的も達成できますし、「この人は質問してもいい人」という安心感を与えることにもつながります。一挙両得《いっきょりょうとく》です。

ちょっとした言い方の違いが損得を分けるのですね。

SCENE 37

「なんとかしてほしい」では伝わらない

「ここをなんとかしてもらえる？」

「この部分がわかりにくいので、修正してもらえますか？」

具体的な修正理由を

頼んだ物事の仕上がりが期待値以下だった場合、「ここをなんとかしてもらえる?」「何か違うなあ」「やり直し」などと言いたくなる気持ちはわかります。

しかし、相手の経験値が低い場合、「なんとか」「何か」という抽象的なフレーズでは、残念ながら改善されることはまずないでしょう。なぜなら、言われた相手は「何をどうなんとかすればいいか」がわからないからです。

同じことをくり返す可能性も高いですし、より悪くなる可能性さえあります。お互いに得はありません。

人を指導して、自分の考える成果に近づく仕事をしてもらうには、より具体的な修正理由とゴールを提示する必要があります。たとえば次のように。

「この部分がわかりにくいので、注釈を入れていただけますか?」

「この部分の表現がややキツく感じるので、もう少し丁寧な言葉遣いで」

「社名の表記が小さいので、より大きく目立たせてもらえますか?」

これだと、たとえ相手の経験値が低くても、大きくズレることはないでしょう。

SCENE 38

こちらのデメリットを伝えても通じない

「そういうことは早めにちゃんと報告してくれないと、こっちの評価が下がるんだからね」

「もっと早く報告してくれたら、〇〇さんの評価がもっと上がると思うよ」

相手にメリットがある言い方に

「あなたが○○をしてくれないと、こっちが損する」という文脈で、相手を注意する人がいます。これはとても「損」な注意の仕方です。

言われた相手にとってみると、相手が損しようがしまいが、自分には関係がないので「知ったこっちゃない」と耳に入らない可能性が高いからです。それに比べて「あなたが○○したら、あなたがもっと得するよ」という言い方にすると、**「自分に関係があるので改善しようかな」と思う可能性が高まります。**

前者のような構文を「二重否定」といいます。「静かにしないと、お菓子をあげないわよ」「宿題しないと、テレビは禁止」などのように、親が子供に対しても使いがちですが、好ましくありません。

人によっては強い否定にしか聞こえないので、まずは拒否の感情が表に出てくるからです。

「二重否定」を「二重肯定」に変えてみましょう。「静かにしていると、お菓子をあげるよ」「宿題したら、テレビを見ようね」などのように。

SCENE 39

高圧的に叱っても意味がない

「どうしてこんなこともできないの！」

「どうしたらできるようになると思う？」

自分で考えさせる質問の形で

相手のことがふがいないと思うと、どうしてもカッときて高圧的に叱ってしまいがちです。しかし、相手が職場の部下であれ自分の子供であれ、そんなふうに叱っても相手の成長にはつながりません。まさに損な叱り方です。

それよりは、相手に自分で考えさせるように指導するほうがいいでしょう。

まずは感情的にならないように深呼吸します。

一説によると、怒りの持続時間のピークは6秒といわれています。わずか6秒乗り越えるだけで、冷静になって自分を取り戻し、適切な行動が取れると思えば、我慢できそうですよね？

誰かを叱るときの大原則は「事実のみを叱り、人格や能力を否定しない」ということです。

「どうしてこんなこともできないのか」とその人の能力を叱るのではなく、「どうしたらできるようになる？」と**自ら考えさせる質問形にすることで、本人が改善策を考える形で指導することができます。**

SCENE
40

手抜きと思えても突き放す言い方はしない

「これ、ちゃんと考えて作った？」

「たとえば、こういうふうに考えてから作ったらどうかな」

否定せずに考え方を指南する

たとえば、部下が明らかに手を抜いた資料を作ってきたら、あなたはどう思うでしょうか？　子供が宿題を、でも同じです。

ついつい「これ、ちゃんと考えた？」と言いたくなりますよね。

しかし、部下や子供にとっては「ちゃんと考えたの？」＝「どうせ考えていないんでしょう？」というふうに聞こえ、存在を否定されたように感じてプライドが傷つけられます。

そもそも、その資料（宿題）の出来がいいかどうかは、部下（子供）もわかっているはずです。そんなときは「これ、自分で作ってみて出来はどう思う？」と問いかけてみるといいでしょう。多くの場合、**本人が不出来であることを認める**でしょう。

その答えを引き出したのち、「考え方のヒント」を提案します。「たとえば」とつけ加えてアドバイスをすることで、「あくまでもあなたの考えを尊重した上で」「参考までに」というニュアンスが含まれるので、相手のプライドを傷つけずに道筋を示すことができます。

SCENE 41

発破をかけるつもりで叱っても

「もう少し真剣に仕事に取り組んでよ」

「○○さんならもっとできるようになるはずだから」

あくまでも相手の可能性を認めながら

部下や後輩がミスをくり返したら、あなたはどう思うでしょうか？　これは自分の子供であっても同じです。

発破《はっぱ》をかける意味合いもこめて「もっと真剣にやってよ！」「もっとちゃんとやろうよ」と言いたくなるのではないでしょうか？

しかしそのように、自分の感情を相手に一方的に伝えても、相手が行動を改めることはまずないでしょう。

「こっちの事情も知らないくせに、勝手なこと言うなよ」と反発を招くか、反対に萎縮《いしゅく》させてしまって、またミスにつながるかのどちらかです。

どちらにしても、いい結果にはなりません。

では、どうすれば「得する言い方」にすることができるのでしょう？

それは**「今の結果」より「相手の可能性」を尊重するように、言い方を変えることです**。相手の可能性を信じ、激励を続けることで、いつかは相手の行動が変わってくるかもしれません。

SCENE 42

どうしても「ひと言」言いたいとき

「ひと言、言わせてもらうと」

「○○さんならわかってくれると思うから、ひと言だけ言わせてもらってもいい？」

相手を尊重するような「前提」をつける

部下や後輩の言動に、どうしてもひと言、注意や指導しなければならないときがあります。そんなとき、「ひと言、言わせてもらうと」というような切り出し方をするのは「得な言い方」ではありません。

「どうせ注意されるんだろうな」「ひと言では終わらないよな」と身構えて、険悪な空気になってしまうことが、往々にしてあるからです。そのような気持ちで聞いても、注意が腹落ちすることはまずありません。

そんなときに必要になるのが「クッション言葉」です。

「○○さんならわかってくれると思う」「○○さんだから、あえてキツいことを言うけど」など、「あなただったら理解してくれると思うから話すね」というような前置きをしてから「ひと言」を語るのです。

そうすることで「ひと言」の衝撃がやわらぎ、相手の心に届く可能性が高まります。「余計なひと言」が「スペシャルアドバイス」として聞いてもらえるかもしれないのです。

SCENE 43

今の時代、「頑張れ」だけを押しつけられない

「頑張ってね」

「頑張りすぎずに頑張ってね」

プレッシャーをかけすぎずに励ますには

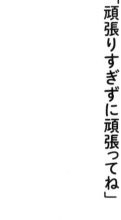

「頑張れ」はポジティブな言葉ですが、時として相手にプレッシャーを与える言葉にもなります。

特に十分に頑張っている相手や、頑張りたくても頑張れない精神状態にある人に言うのは考えものです。

とはいえ、やっぱり「頑張れ」と励ましたいときもあります。仕事でそこそこ頑張ってもらわないといけない状況のときなどがそうでしょう。

そんなときに使えるのが「頑張りすぎずに頑張って」というフレーズです。**激励の意味をこめつつ、労いの気持ちも表現できる**からです。

ほかにも「テキトーに頑張って」というフレーズを、私はよく使います。

この場合のテキトーは「いい加減」という意味ではなく「ちょうどいい加減」の意味のテキトーです。

こちらもプレッシャーをかけすぎず、激励の意味をこめることができるのでオススメです。

HINT

「ネガティブな状況」を言い換える
——これで気持ちが切り替わる

たとえば、あなたが人間関係で大きな失敗をしたとします。
たいていの人は、落ち込んでなかなか立ち直れないでしょう。
しかし、視点を変えると、そこにチャンスが潜《ひそ》んでいる可能性があります。

「人間万事塞翁《さいおう》が馬」という故事成語があります。

その物語の主人公の老人は、あることから名馬を手に入れました。喜んだのもつかの間、息子がその名馬から落馬して足を骨折する大ケガを負い、老人は嘆き悲しみます。しかし、まもなく戦争が起こり、たくさんの若い兵士が亡くなりましたが、息子は骨折のおかげで兵役を免《まぬか》れました。

……というお話です。

要は失敗と思ったことが、結果的に息子の命を救ったということ。

あなたが失敗だと落ち込んでいることも、次のポジティブな出来事につながる可能性があるということです。

そんなときには、前の章でも紹介した「言葉のリフレーミング」が役立ちます（126ページ）。

ここでは、ネガティブな状況を言い換えて、ポジティブにする言葉を74通りご紹介します。

「疲れた」

語源をたどると、「憑《つ》かれる」に行き着くという説があります。口に出せば出すほど、さらに疲れて（憑かれて）しまう可能性もあります。口に出そうになったら、次のように言い換えてみてはどうでしょう？

↓

「頑張った」「出しきった」「自分、お疲れ様」

「忙しい」

口に出せば出すほど自分の耳から入り、脳が「今、自分は忙しい状態なんだ」と認識して、精神的な余裕がなくなってしまうといわれています。「忙」という漢字も心を亡くすと書きます。次のように言い換えるといいでしょう。

↓

「商売繁盛」「予定満載」「頑張っている」

「まずい」

誰かが作った料理を食べたとき、思わず「まずい」と口に出そうなことがあります。しかし、まずいと言われてうれしい人はいません。

→「個性的な味」「好きな人にはたまらない」「大人の味」

「うるさい」

店や町なかなどで、周りが騒がしい状況のときについ口に出てしまう言葉です。口に出すことで、自分が不機嫌になる言葉でもあります。

→「にぎやか」「活気がある」「熱気があふれた」

「失敗した」

何かがうまくいかなかったり、思い通りにならなかったとき、ついつい「失敗した」と考えがちです。しかし、見方を変えれば、次のようにも考えられます。

↓「成功の素《もと》」「経験値が高まった」「話しのネタ」

「失恋した」

好きな相手が自分のことを思ってくれず、恋をあきらめなければならない状態になることをいいます。とてもツラいことですが、見方を変えれば、次のようにも考えられます。

↓「新しい恋のチャンス」「ひとりで楽しめる」「平穏な日々」

！「リストラされた」

本来の英語の意味とは違い、日本では、人員削減や解雇という意味で使われることが多い言葉です。本意ではなく会社を辞めなければならないのは、しんどい状況ですが、ポジティブにとらえるといいことが起こるかも。

↓
「転職のチャンス」「起業のきっかけ」「人生の転機」

！「あいにくの雨」

「雨」といえば「あいにく」がくっつく慣用句になっていますが、雨が降らなければ大変なことになってしまいます。

↓
「雨もまたよし」「恵みの雨」「喜ぶ人もいる」

！「道に迷う」

道に迷っているときは、不安になるものです。特に急いでいるときであればなおさら。しかし一方で、次のようにも考えられます。

…→「新しい道を知った」「いい運動になった」「ネタが増えた」

！「完全アウェイ」

「アウェイ」とは、サッカーなどのスポーツの試合で、対戦相手のホームグラウンドである敵地を意味する言葉です。日常生活では、場所や雰囲気が自分にとって居づらい環境であることを意味する言葉として、使われることが多いです。

…→「燃える」「逆に楽しい」「実力が試される」

「友だちがいない」

友だちがいないのは淋《さみ》しいものですが、友だちがいないからこそ培《つちか》われる性格もありますし、実現できることもあります。

「自立している」「孤独に強い」「自分と向き合える」

「怒られた」

誰かに怒られるのはイヤなものですが、考えようによっては、次のように言い換えることもできます。

「時間を割《さ》いてくれた」「成長のチャンス」「早くわかってよかった」

！「ケンカした」

できればケンカはしたくないものですが、「雨降って地固まる」ということわざもあるように、絆《きずな》が深まることもあるかもしれません。

↓
「仲直りできる」「本音で言い合えた」
「絆が深まった」「関係を見直す時期かも」

！「ピンチ」

ピンチはチャンスとよくいいます。たしかにピンチのときにしか発揮できない力もあり、成長の機会でもあります。

↓
「チャンス」「実力が試される」「成長の機会」

！「悪口を言われた」

悪口を言われると気分が落ち込みます。しかし、そこから学びもあるはずです。たとえば次のように……。

↓「短所を教えてもらった」「自分を見直す機会」「逆に燃える」「自分は言わない」

！「モノをなくした」

モノをなくすのはショックです。しかし、そのおかげで新品を買うことができると思うと前向きになれるかも……。

↓「新品を買うチャンス」「厄《やく》が落ちた」「自己管理を見直そう」

「幻滅した」

憧《あこが》れていたり好きだったりした人の真実の姿を見て、幻滅《げんめつ》してしまうことってあります。しかし、それも考えようによっては、ポジティブにとらえることができるのです。

↓「目が覚めた」「今、気づいてよかった」「吹っきるチャンス」

「電車を乗り間違えた」

うっかり乗り間違えたことに気づいたときは「アチャー」となってしまいます。ただ、そこからの学びもあるわけで……。

↓「これから注意しよう」「話のネタになる」「知らない路線に乗れた」

「ダラダラ過ごしてしまった」

無為《むい》な時間を過ごしてしまったという後悔がある一方、身体や心を休めることも重要です。

↓「充電タイム」「たまには休憩も必要」「次のステージへの踊り場」

「締切が近づく」

近づく前にやり終えていれば問題ないわけですが、そこは人間、ギリギリにならないと出てこない力もあるわけで……。

↓「力が試される」「極限の集中力が発揮できる」「スリルを味わえる」

！「電車が止まった」

約束などがある場合は「うわあ、どうしよう」とあせります。しかし、あせったところで、どうにかなるものでもないし……。

↓「もう一度資料をチェック」「読書時間が増えた」「広告を見るチャンス」

！「エレベーターが故障中」

一台しかないエレベーターがよりによって故障中。行き先はビルの10階。たとえそんな状況であっても、前向きに考えましょう。

↓「無料のジムが誕生」「初めての階段」「閉じこめられずに済んだ」

!「データが飛んだ」

数日かけて書いた文章がすべて消えた。かなり絶望的な状況ですが、そこからでも希望を抱くことはできます。

↓

「再チャレンジ」「記憶力が試されている」「もっといい資料を作ろう」

!「なんで私が……」

「なんで私が……」と思わず口にしてしまうようなことがあっても、強い心でリフレーミング（126ページ）します。

↓

「選ばれた」「特別感」「これも運命」

5章

謝る人も、謝られる人も
――「スッキリする」言い換え

人は誰でもミスします。

間違ったことをしてしまったり、迷惑をかけてしまったり、不用意な発言をしてしまうこともあります。また、自分はミスしていなくても、責任者としてそのミスを被《かぶ》らなければならないこともあるでしょう。

そんなときに重要なのが謝罪の仕方です。

こちらが謝らなければならない場面では、相手は程度の差こそあれ、何かしら怒っている可能性が高いわけです。こちらから反省の気持ちが適切に伝えられると、相手は怒りの気持ちが収《おさ》まり「許す」という気持ちに変化します。しかし、謝り方が適切でないと「怒り」がさらに増幅してしまいます。まさに火に油を注《そそ》ぐという状況になってしまうのです。

大げさにいうと、ミスや間違ったことをしたときに、どんなふうに謝るかによって、その後の人生が変わってしまうこともあります。

この章では誰かに謝罪するシーンを取り上げて、どうすれば相手が許してくれやすい謝り方ができるかを解説していきます。

くわしくは個々のケースを読んでいただくとして、まずは、謝罪するときの根本的な考え方を紹介しましょう。

それは次の3つのポイントに気をくばることです。

① まずは、きちんと謝る

きちんとハッキリとシンプルに謝ることが大切です。

先にミスが起こった経緯や原因を説明しようとすると、相手から言い訳や責任逃れをしているように思われてしまう可能性があります。

その際、言葉の内容だけでなく「声のトーン」「顔の表情」「態度」なども極めて重要です。できる限り、誠意を感じられるようにしましょう。「本気で悪いと思っていない」「言い訳ばかりしている」ととらえられないようにし、「本当に申し訳ございませんでした」と心から謝罪します。

さらに相手が何か苦情を言ってきたら、反論せずにしっかり傾聴しましょう。そうすることで、相手の気持ちは徐々に静まっていきます。

謝罪するときには、この「まず相手の気持ちを静める」ということを、何よりも最優先すべきなのです。

② 経緯や理由を説明し、今後の対応策を語る

誠心誠意きちんと謝罪したあとで初めて、ミスが起こった経緯や理由などについて説明します。あまりぐだぐだと語ると言い訳がましく聞こえるので、できるだけ簡潔に語ったほうがいいでしょう。

さらに今後の対応策を語ることも重要です。仕事であれば、再発防止策や改善案をしっかり説明することで、相手の不安を取り除くようにします。

また、解決策を提示してよしとするのではなく、最後に改めてお詫びするようにしましょう。

③ 相手の気持ちに共感して寄り添う

プライベートでの失言では、何よりも相手の気持ちに寄り添って、誠心誠意、

謝ることが重要です。

多くの場合、言った側と言われた側では、大きな「認識のズレ」があります。言った側は「これくらいのこと」と思っていたとしても、言われた側は「とても許せない」と思っていることが、往々にしてあるからです。

そんなときに重要なのは、表面上の言葉ではなく、言った側が、言われた側の心情にきちんと共感しているかどうかです。

表面的な言葉だけの謝罪は、相手の怒りを増幅させるだけになる可能性があるので気をつけましょう。

SCENE 44

言い訳から始めない

「電車が事故で止まっていて、30分程度遅れます」

「申し訳ありません！ 30分程度遅れます。実は、事故で電車が止まってしまっていまして……」

まず謝罪、そして事実

謝罪の基本は最初に謝ることです。そのあとに状況を説明しましょう。

例文の場合、アポイントに30分遅れてしまうわけですから、まずはその件について真摯《しんし》に謝ります。

トラブルに巻き込まれて自分も大変なんだという思いから、先に状況を説明しようとしがちです。しかし、厳しい言い方をすると、多少のトラブルがあっても間に合うように準備していなかった自分が悪いのです。

また、**状況説明から入ると、自分の責任じゃないという、言い訳や責任逃れをしているように相手から思われてしまう**可能性があり、「得な言い方」ではありません。

日本語の構造上、理由を説明してから結論を言ってしまいがちなので、そうならないように意識することが大切です。

このように伝えると、たいていは「大丈夫ですよ。気をつけてお越しください」と言ってくれるでしょう。

SCENE 45

誰かのせいにせず、まずは潔く謝る

「担当者には、ちゃんと伝えたのですが……」

「私の確認不足で申し訳ありません。担当者とも情報共有して、今後はこのようなことがないように確認作業を徹底します」

それから対策を示す

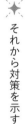

自分のミスでもないのに、なぜ謝らなければならないのか？

そう思う気持ちも、わからなくはありません。

ただし、**会社の担当窓口があなたであれば、相手にとっては「会社＝あなた」なのです。**

社内の誰のミスであれ、あなたが会社を代表して謝る必要があります。それなのに、ほかの部署の人間のせいにするのはカッコ悪いです。

よく考えてみれば、あなたがもっときちんと確認すれば、そのミスは防げた可能性も高いのではないでしょうか？

ということは、「自分の確認ミスのせいで起きたこと」ともいえる、ということです。

そう思うなら、まずは誠心誠意、謝罪しましょう。

そして、今後そのようなことが起きないように、どんな対策を取るかを明らかにすることで、引き続き安心してつき合ってもらう努力をするのです。

SCENE 46

「うっかりミス」をその通りに言わない

「うっかり忘れてしまいました」

「こちらの不注意で失念しておりました」

「うっかり」「すっかり」は、軽んじられているように聞こえる

相手と何か約束していたことや、メールの返信などをついつい忘れてしまうこともあります。人間だもの。

しかし、約束を忘れた本人に向けて謝るときに、「うっかりしていました」と言うのは考えものです。

なぜなら、「うっかり」は「ぼんやりしていて注意していない」という意味だからです。うっかりされた相手は、「自分のことを軽んじられた」「適当に扱われた」と思ってしまうことでしょう。

「うっかり」の代わりに「不注意」「不手際」などの言葉を使うといいでしょう。丁寧さを強調できます。また、「忘れていた」の代わりに「失念」という言葉を使います。「失念」は「覚えていたことをうっかり忘れる」という意味で、「しつねん」と読みます。**「失念しておりました」は謙譲語表現なので、相手に対して謝罪の念をこめた丁寧な表現になります。**メールでも口頭でも使用可能です。

「うっかりミス」をしてしまったら、ぼんやりしていないでなるべく早く謝罪することもお忘れなく。

SCENE 47

「余計なひと言」を言ってしまったら

「余計なこと、言ったかな?」

「ごめんなさい。私の配慮が足りませんでした」

傷ついている相手へのフォロー

なごやかにしゃべっていたのに、反射的に口にしてしまった言葉で、相手の表情が変わり、場の空気が悪くなってしまったことは、ないでしょうか？

また、言い争いになったとき、ついカッとなって、意図せず相手にひどい言葉を投げかけてしまうこともありますよね？

まさに口は禍《わざわい》の元、余計なひと言です。

そんなときに「余計なこと、言ったかな？」と質問するのは最悪です。ひどい言葉を投げかけられて傷ついた相手の心の傷口に、塩を塗《ぬ》るようなものだからです。関係の修復をより難しくさせる危険があります。

まずは謝りましょう。

そして**「配慮が足りなかった」ことを素直に詫びましょう。**「配慮」とは「相手のことを思いやりをもって気をくばる」という意味です。

もちろん、謝らなければならない「余計なひと言」は言わないに越したことはありません。日頃からの「配慮」が大切です。

SCENE 48

「できませんでした」と開き直られても

「やっぱり、できませんでした」

「私の力不足で、期日までに完成できずに申し訳ありません。あと3日、ご猶予をいただけますでしょうか？」

謝った上でどう対処するかを提示する

依頼された物事が、期日までに仕上がらないときがあります。

そんなとき、「やっぱり、できませんでした」と開き直るのは、まさに最終手段です。

信用を大きく失墜《しっつい》させてしまい、その相手から話がくることは、二度とないでしょう。そもそも「やっぱり」は「もともと感づいていましたが」という意味なので、当初からわかっていたように受け止められてしまいます。

まずするべきは、謝罪です。

理由としては、「決められた期日までに、与えられた役目を果たす力が足りなかった」ため――「力不足」という言葉が最適です。

そこから対処方法について述べます。

納期を明確に提示することで「最後まで心をこめてやらせてほしい」という本気度を伝えることができます。

「力」が足りなかったぶんを「気持ち」で補うことができれば、今後の関係もお得に続いていくことでしょう。

SCENE
49

ご馳走してもらったり手間をかけてくれたときに

「ご馳走になり、申し訳ありませんでした」

「ご馳走になり、ありがとうございました。本当においしかったです」

謝られるよりも、感謝されるほうが相手はうれしい

誰かからご馳走になったとき、「申し訳ありません」というフレーズを使ってしまう人がいます。「こんなにお金を使わせてしまって悪いな」という気持ちから、ついつい口にしてしまう人が多いようです。

しかし、考えてみるとわかりますが「申し訳ありません」は、本来謝罪のときに使うフレーズです。

ご馳走になった側は「謝罪」ではなく「感謝」を表明するようにしましょう。

なぜなら、相手からすれば、喜んでもらえると思ってご馳走したのに、謝られたのでは、ご馳走したかいがないからです。

さらに、感謝のあとには、ご馳走してもらったものへ「おいしかった」などの感想をつけるようにするといいでしょう。満足したということを伝えることで「ご馳走してよかった」「また会いたいな」と、次につながる気持ちももってもらえます。

日本人はすぐに謝る「謝りグセ」がついています。

しかし、どうせクセをつけるなら、「感謝グセ」をつけたいものですね。

SCENE 50

わざわざ指摘してくれたことに対して

「気づきませんでした。申し訳ありません」

「ありがとうございます。○○さんにご指摘いただいたおかげで、気づくことができました。今後は気をつけます」

「感謝」と「今後改善する」という意思を

他人から予期せぬ注意を受けると、言葉に詰まってしまうことがあります。せいぜい「気づきませんでした。申し訳ありません」と謝るのが精一杯。謝りつつも、不満な表情が顔に出ているかもしれません。

でも、考え方を変えてみたらどうでしょう。**赤の他人がわざわざ指摘してくれたということは、相手は自分のことを気にかけてくれているということ**です。たとえそれがネガティブなことであっても、普段からあなたを見ていないとできないこと。

だとしたら、そんな相手は味方にしてしまいましょう。

そのためには謝るのではなく、相手に感謝をする表現に変えることをオススメします。さらに、「ご指摘いただいたおかげで、気づくことができました」と言えば、「あなたのおかげ」という点が強調されるので、より効果的です。

その上で、「今後気をつけます」という改善の意思を示せばいいのです。もちろん言葉だけでなく、少なくともその相手の前では、気をつけることを忘れずに。

そうすることで相手はあなたの味方になり、力になってくれるかもしれません。

SCENE
51

一度の説明でわかってもらえなかったとき

「先ほど説明した通り」

「説明不足で申し訳ありません。もう一度説明させていただきますね」

相手が理解していないのはこちらの責任

長い時間をかけてひと通り説明したのに、相手からの返事や質問がトンチンカンだと、ぐったりしてしまいます。「これだけ説明したのに、聞いていなかったのかよ」とイライラして、つい口調も乱暴になるかもしれません。

しかし、ここで「先ほど説明した通り」と口にすると損します。相手を見下している印象を与えるので、相手もイライラしてきて最悪の場合、「もういいよ」と話を中断されてしまうかもしれません。これでは今までの労力が水の泡です。

そんなときは、頭を冷やしてまず「説明不足」を謝りましょう。**相手が理解できていないということは、あなたの説明の仕方に問題があった可能性が高い**のです。たとえ相手の聞く態度に問題があったとしても、聞いてもらう工夫や努力を怠《おこた》ったあなたに責任があると考えるのです。

そして穏やかな口調で「もう一度説明させていただきますね」と言ってから、今度は必ず理解してもらうぞと、気をくばって丁寧に説明してみましょう。

そうすることで、相手の聞く態度もきっと変わるはずです。時間は多少かかっても、結局はお互いが「得」することになるのです。

HINT

「転職理由」を言い換える
——面接官をその気にさせる

転職などをする際、以前いた会社に対する不満をストレートに語っても、新しい会社では評価されません。

「人間関係が悪かった」
「やりがいを感じない」
「経営陣に不満があった」

などの理由では、新しい職場でも、同じように思ってすぐに辞めるかもしれないと思われます。

「給料が安かった」

「通勤が遠かった」

などの理由は、あなたの都合であり、面接官には興味がありません。

話すべきは「退職理由」ではなく「転職理由」です。

もちろんウソはいけませんが、実際の「退職理由」をベースに、志望する会社の面接官が納得するような「転職理由」に言い換える必要があるということです。

「前の会社で大変だった」という思いを、「次の会社で前向きに働きたい」というふうに変換して伝えましょう。

!「社長がワンマン」

転職理由が、社長など経営陣に対する不満だった場合でも、その不満を語るのではなく、新しい職場では「こんな働き方をしたい」という思いを語るようにします。

…↓「社長の理念に共感して働きたい」「自分の意見が言える環境で頑張りたい」

!「人間関係が悪かった」

上司や同僚などとの人間関係がうまくいかないことで、会社を辞める人も多いでしょう。そのままストレートに語ると、「新しい会社でも、人間関係を理由にすぐに辞めるのでは?」と思われてしまいます。

…↓「チームで連携して働きたい」「社内でお互いを高め合いたい」

!「ノルマがキツい」

たとえそれが事実だったとしても、「ノルマがキツかった」というふうに語ると、逆に本人が怠《なま》けているのではないかという印象を与えかねません。

↓「顧客との信頼関係を築きたい」「数字に追われず営業活動をしたい」

!「通勤がしんどい」

「通勤がしんどいと疲れる」というふうに現状を嘆くのではなく、「通勤に割いている時間や労力を仕事に使いたい」と言い換えれば、前向きなアピールに変わります。

↓「もっと仕事に集中したい」「通勤時間を仕事に使いたい」

「給料が安い」

そのままを伝えると、グチのようにとらえられてしまいます。新しい会社に転職することで、どのように給与を増やしていきたいかを伝えると、アピールにつながります。

↓
「実力主義の会社で給料を上げたい」
「正当に評価してもらえる会社で働きたい」

「サービス残業続き」

労働時間に対する不満は、どうしてもネガティブに聞こえてしまいがちです。元の会社への不満ではなくて、新しい会社でどのように働きたいかを話せば、アピールになるでしょう。

↓
「生産性の高い現場で活躍したい」「効率的な勤務をしたい」

！「やりがいを感じない」

やりがいを感じられないことを元の会社の責任にするのは、逆効果になりかねません。「自分がやりがいを感じるポイント」「元の会社でモチベーションを上げるためにしてきた工夫」などを伝えてください。

→「よりやりがいのある現場で働きたい」
「高いモチベーションで仕事に取り組みたい」

！「キャリアチェンジ」

言葉自体はネガティブではありませんが、曖昧になりやすいので注意が必要です。前職で培った経験が新しいキャリアでどう活かせるか、そのためにどのような努力をしてきたのかを伝えましょう。

→「営業で培ったコミュニケーション力を武器に〇〇に携《たずさ》わりたい」

6章

意見する人も、される人も

――「納得する」言い換え

同調圧力が強い日本においては、話す相手や周りの反応が気になって、ハッキリ自分の意見を言えない人が多いといわれています。

しかし、まったく自分の意見を言わずに毎日を送ることは難しいでしょうし、周りからも「何を考えているかわからない」と思われてしまいます。

仕事でもプライベートでも、しっかり「自分の意見」を言わなければいけないときがあるのです。しかし、自分の意見をただストレートに言えばいいというものではありません。会議などで自分の意見を聞いてもらうにはコツがあります。

また、自分の意見を「常識」「普通は」などというように「世間のルール」のように、相手に押しつけるのはNGです。

この章では、会議や一対一の場面で、自分の意見を語るシーンを取り上げて、どのようにすれば自分の意見が通りやすいか、また、不毛な議論にならないかについて解説します。

くわしくは個々のケースを読んでいただくとして、まずは、自分の意見を言うときの根本的な考え方を紹介しましょう。

それは次の3つのポイントに気をくばることです。

①相手の意見を全否定せず、一度相手の意見を受け入れる

自分の意見を頭ごなしに否定されると、相手は反発心を覚えます。当然あなたの意見を素直に聞く耳をもてません。まずは相手の意見を肯定したり、感謝を述べて受け入れたりしてから、自分の意見を述べるようにするといいでしょう。

②「常識」「普通は」などのような言葉で価値観を押しつけない

人は100人いたら、100通りの考え方があります。自分の価値観を頭ごなしに相手に押しつけるのはNGです。

③感情的な議論になったら撤退

感情的な言い合いになってしまったら、そこから生産的な議論になることはまずありません。感謝を述べて早々に撤退するのがいいでしょう。

SCENE 52

頭ごなしに否定すると反発を招く

「それは違うと思います」

「おっしゃることはごもっともです。ただ、こんなふうにも考えられるのではないでしょうか？」

意見を言うのは一度相手を立ててから

会議などで発言者の意見が違うと感じたとき、あなたならどんなふうに自分の意見を言いますか？

ストレートに「それは違うと思います」と頭ごなしに否定してしまっては、発言者はカチンときてしまって、あなたの意見がどんなにいいものでも、素直に聞いてもらえません。それでは損してしまいます。

そんなときはまず、「おっしゃることはごもっともです」「たしかにその意見も一理ありますよね」「貴重なご意見をありがとうございます」などと、まずは発言者の意見を肯定的に受け止めましょう。

そうやって一度相手を立てた上で「こんなふうにも考えられませんか？」「それで思いついたんですけど」「ちょっと考えてみたんですけど」などと前置きしてから、こちらの意見を述べるのです。

発言者も一度自分の意見を受け入れてもらっているので、あなたの意見に耳を傾けやすい状態になっており、結果的にお得です。

SCENE 53

相手の間違いをそのまま指摘しない

「前回言っていたことと違いますよね？」

「念のために確認したいのですが、前回こんなふうにおっしゃっていませんでしたか？」

確認というスタンスで聞いていく

会議などで話しているとき、相手の発言が前回合意した内容とまったく違うことに気づいて、唖然《あぜん》とすることはありませんか？

そんなときは、ついつい「前回言っていたことと違いますよね？」と糾弾《きゅうだん》したくなるもの。しかし、そんなふうにストレートに指摘してもいいことはありません。「そうだっけ？」と、シラを切られてしまう可能性さえあります。

そんなときは、相手に確認の質問をするという方法がいいでしょう。

「前回こんなふうにおっしゃっていませんでしたか？」と質問すれば、**相手も「そういや、そんなことを言ったな」と思い出してくれる可能性が高まります。**

ただし、相手が自分の非を認めたら「それみたことか」とドヤ顔をして、それ以上相手を追い込むのは禁物《きんもつ》です。

「こちらも記憶が曖昧だったのですが」くらいにお茶を濁《にご》しておきましょう。

メールの場合なら記録が残っているので、その部分を引用して、「前回このようにおっしゃっていたようなのですが……」と下手に出つつ、確認する方法が有効です。

SCENE

54

自分の価値観を押しつけて責めない

「○○するのが常識でしょ？」

「私は○○だと思うけど」

あくまでも「自分の意見」として

世の中に絶対的な「常識」などありません。

あなたが「常識」だと思うことが、相手が思う「常識」だとは限りません。あなたが思う「常識」を他人に押しつけても、相手の反発を招くだけです。

たとえば、「新入社員だったら、始業時間より30分前に出社するのが常識でしょ」などという価値観を口に出して、相手に押しつけることはNGです。ヘタをすると「パワハラ」だと言われかねないでしょう。

それは自分が思っている意見を言ってはダメ、ということではありません。**主語を世の中ではなく「私」にすればいい**のです。

たとえば、先ほどの新入社員の例で考えてみましょう。主語を「私」にすると、「私は、新入社員だったら始業時間より30分前に出社したほうがいいと思うな。覚えるべきことがいっぱいあるのに、始業時間になったらみんな忙しくしているからきけないでしょう」のようになります。

これだと、あくまで「あなたの意見」であり、押しつけているわけではないので、パワハラにはなりません。

SCENE 55

「普通は」や「べき」で語らない

「普通こうするべきだよね」

「(私は) こうしてほしいな」

「こうしてほしい」というスタンスで

前項でも述べたように、人の価値観はさまざまです。「～するべき」という断定は相手の反発を招いたり、相手を追い込んだりします。ましてやその「普通」は、あなたにとっての「普通」であるだけで、すべての人の価値観を代表するものではありません。

「女だったら普通は○○するべきだ」「男なんだから普通は○○するでしょ」「親だったら普通……」「夫だったら普通……」「妻だったら普通……」などといった価値観の押しつけは、その典型です。

とはいえ、**相手にやってほしいと思うこともあるはずです。**

そんなときも、前項同様に「私」を主語にするといいでしょう。

たとえば、流し台に洗っていない食器がたまっていたとします。そんなとき、「シンクに食器がたまっていたら、普通は洗うでしょ?」とパートナーに「べき論」で言うのは得策ではありません。反発する気持ちが高まるからです。「私」を主語にして「シンクに食器がたまっていたら、洗っておいてくれたら私は助かるな」と言うのです。相手のやろうとする気分は何倍か高まる気がしませんか。

SCENE 56

相手の非を指摘しても反発を招くだけ

「横入りせずに、ちゃんと並んでください」

「行列の最後尾はあちらになりますよ」

やんわり教えるというスタンスで

みんな行列に並んでいるのに、知ってか知らずか、行列の途中から入ろうとする人がいます。ついムッとして、正義感から「ちゃんと並んでください」と注意してしまいたくなるもの。

たしかに「非」は相手にあります。しかし、だからといって、正論で注意するのは、損な言い方です。自分がやっていることについてストレートに注意されると、反発してカッと頭に血がのぼってしまう人が多いからです。

ヘタをすると、言い合いやケンカになってしまうことさえあります。

それはあまりにバカらしい。

そんなときは、やんわり「最後尾はあちらですよ」と教えてあげるスタンスで話しかけるといいでしょう。

これは行列などに限りません。**自分が正しいからといって大声で主張するのはトラブルの元**です。

やんわり教えてあげる「得な言い方」をしましょう。

SCENE 57

口論がエスカレートする前に

「話してもムダみたいなので、もう終わりにしましょう」

「貴重なご意見をありがとうございます。今後の参考にさせていただきます」

どんなときも感情的になったら損

議論がまったくかみ合わないときがあります。いくら自分の意見の正しさを論拠とともに主張しても、相手はそれを無視して、非合理的な反論や個人攻撃をしてくるようなケースです。SNSでも、そのような不毛な議論が毎日のように起こっています。いくら話し合っても時間のムダだと感じると、つい捨てぜりふのように「いくら話してもムダなのでもう終わりにしましょう」と言ってしまいたくなるものです。

しかし、たとえそんなときであっても、感情的になるのは「損」です。**理性を保ち、最後は「貴重なご意見をありがとうございます」などのように、言葉だけでも感謝して終えたいもの**です。

そもそも議論はお互いが感情的になった時点で、意味がないものになる可能性が高いでしょう。お互いが自分の主張を一歩も譲らず、単に声の大きさを競ったり、非難の場になってしまったりということになりがちです。

そのような気配を感じたら、すばやく「貴重なご意見をありがとうございます。今後の参考にさせていただきます」と言って撤退するのが得策です。

HINT

「商品のアピールポイント」を言い換える

――パッとしなかったモノがたちまち……

商品やサービスなどのアピールをする際、その言葉選びで、売り上げに大きく差が出ることがあります。

たとえば、ある商品のパッケージに「高品質」という売り文句が書かれていると想像してみてください。その商品をほしいと思うでしょうか？

ありきたりすぎて、まったく心に響いてこないですよね？

では、次のように書かれていたらどうでしょう？

「プロが認めた」

「お客様満足度97％」

「極上素材を使った」

もちろん、もともとほしかったモノかどうかにもよりますが、ちょっとは興味をもつのではないでしょうか？

では「簡単」という売り文句はどうでしょうか？

「一日5分だけ」
「知識ゼロでもオッケー」
「子供でも使える」

などにしたほうが、興味をもってもらいやすいですよね？

ここでは、商品やサービスのアピールポイントを「心に響かない言葉」から「買いたくなる」「ほしくなる」言葉に変える方法をご紹介します。

！「高品質」

ありきたりすぎる言葉では、お客さんの心に響きません。「高品質」などの常套句《じょうとうく》は、より具体的に言い換えるといいでしょう。

↓「プロが認めた」「お客様満足度97％」「極上素材を使った」

！「安い」

販売における「安い」という言葉はパワーワードです。ただし「安い」だけでは、なかなか心に伝わりません。

↓「ワケあって安い」「〇〇（新社会人など）応援価格」「衝撃プライス」

！「おいしい」

おいしいものがあふれている今日、「おいしい」だけではアピールにつながりません。次のワードを参考にしてください。

↓「うますぎてゴメンなさい」「旨《うま》みが口いっぱいに」「料亭の味」

！「新しい」

お客さんは何か新しい商品や情報を求めています。しかし、ただ「新しい」だけでは心に響きません。何が新しいのかを書きましょう。

↓「新食感」「新常識」「まったく新しいデザイン」

!「簡単」

どれくらい「簡単」なのかを具体的に書くといいでしょう。そうすることで、お客さんはメリットを感じます。

…↓「一日5分だけ」「知識ゼロでもオッケー」「子供でも使える」

!「半額」

半額はたしかに安い。ただ、それだけで買いたくなるかというと微妙です。よりお客さんの心に響く言葉や販売方法はないか、考えてみましょう。

…↓「今日だけ50%オフ」「1個買うともう1個プレゼント」「2人に1人が無料」

！「売れてます」

人は売れていると聞くと、その商品に興味を抱きます。「売れてます」だけでも十分に訴求力はありますが、さらに印象を強くするフレーズに、次のようなものがあります。もちろんウソはいけません。

↓「○分にひとつ売れてます」「売れすぎで困ってます」「売り切れ御免」

！「お値打ち品」

価格は安いのに、高く見える商品のことをいいます。さらに買う側にとってのメリットが書かれていると、より心をつかむことができます。

↓「高見え○○」「プチプラ○○」「一日あたりわずか○円」

！「人気」

多くの人は、ほかの人が何を選ぶのかに大きな影響を受けています。「人気」という言葉だけに頼らず、「人気があるんだな」と実感させる「数字」を使いましょう。

↓「当店人気NO・1」「累計販売数○○個突破」「○万人のお客様から選ばれています」

！「オススメ」

多くの商品がある場合、店側からオススメされるものはいいものだろう、とお客さんは思うものです。いろいろとバリエーションが考えられます。

↓「店長イチ押し！」「迷ったらコレ！」「買わなきゃ損」

「クセになる」

食べ物などで一度食べ出すと、クセになって、ついつい食べ続けてしまう商品ってありますよね。そんな特徴をいろいろな言葉で言い換えてみましょう。

↓「やみつき○○」「リピーター続出」「食べ出すと止まらない」

「かわいい」

かわいいと表現したくなることがありますよね。かわいいだけでは、どうしても単調になりがち。いろいろなかわいいを身につけておくといいでしょう。

↓「大人かわいい」「カッコかわいい」「激かわ」「きれかわ」「愛らしい」

!「大盛り」

大盛りを売りにするのであれば、少し大げさになりますが、何かしらインパクトのある表現を探したいものです。たとえば、次のように。

…↓「デカ盛り」「ドカ盛り」「メガ盛り」「ギガ盛り」「マンモス級」

!「こだわりの」

今やコンビニにも「こだわりの」と銘打《めい》たれた商品が並んでいます。「こだわり」という便利な言葉だけに頼らず、違う表現を探すように心がけましょう。

…↓「吟味《ぎんみ》を重ねた」「工夫をこらした」「隅々まで心をくばった」

「滅多にない」

世の中に流通していない、オリジナルな商品やサービスには心が惹かれます。うまい表現を見つけてお客さんの感情を揺さぶってみましょう。

…↓「レアアイテム」「世界にひとつだけの」「ありそうでなかった」

「特別な」

人は特別扱いをされることに喜びを感じます。お客さんを特別扱いする言葉をいろいろとストックしておくといいでしょう。

…↓「プレミアム」「ラグジュアリー」「あなただけ」

終章

仕事でも、プライベートでも
――「好かれる人」の言い換え

最後の章では、1章から6章で取り上げられなかった、日常のコミュニケーションの場面の言い換え例を解説します。

SCENE 58

人の性格や特徴にレッテルを貼らない

「天然？」

↓

「愛されキャラですね」

ほめ言葉にも悪口にも受け取られる言い方に注意

ほめ言葉のつもりで言ったことが、本人にとっては「悪口」を言われたと思われる場合があります。

たとえば、人の性格や振る舞いのことを「天然」と称する言い方があります。もともとお笑い用語の「天然ボケ」から発生したといわれていて、「周囲からややズレた発言や行動を、意図せず行なう性格や振る舞い」のことをいいます。

「天然」は天賦《てんぷ》の才なので、人によってはうらやましいと思う人もいるかもしれません。しかし、ポジティブな意味にもネガティブな意味にも使われるので、他人に向かっては、できるだけ使わないほうが無難な言葉です。

たとえば、「天然」なキャラクターがいると「笑いが増えて周囲がなごやかになる」、その結果「みんなから愛される性格＝愛されキャラ」のように**誰からみてもポジティブな意味に取れるように変換する**といいでしょう。

どうしても「天然」という言葉を使いたければ、「○○さんはいい意味で天然ですよね」というふうに「いい意味」という前置きをつけると、ネガティブ要素が消えます。

SCENE 59

自分の尺度で決めずに、相手の気持ちに共感する

「細かいことを気にしすぎだよ」

「細かいことが気になって大変だね」

何事も「気にする人」と「しない人」がいる

ある人にとってまったく気にならない些細なことが、別の人にとってはとても気になることもあります。Aさんにとっては笑い飛ばせるような出来事も、Bさんにとっては、心配でずっと気に病むこともある。感染症が流行しているときなどは、人によって細かいことが気になる人と、そこまで気にしない人の差が顕著《けんちょ》になります。

本人がいろいろ気に病んでいることを、自分の尺度で「細かいことを気にしすぎ」と言うのは失礼です。

そう言われた本人は、そう言った相手に対してマイナスの感情を抱きます。

「この人は、私のことをわかってはくれないんだ」と思ってしまうからです。

そう思われてしまったら、お互い「損」ですよね。

そのような場合、**まず忠告よりも、「細かいことが気になって大変だね」というふうに、相手への共感を示すことが大切**です。

そのように自分の気持ちに共感してくれた相手には、人は好感を抱きます。

お互いに「得」な人間関係が築けるのです。

SCENE 60

相手からの「いい報告」には

「よかったですね」

「それはよかったです！　私もうれしい」

自分もうれしいことを伝える

あなたが、自分にとっていい知らせを相手に報告したとします。きっと相手も喜んでくれると思ったのに、薄い反応しか示さず、ボソッと「よかったですね」とだけ返事してきたらどう感じるでしょう？　期待外れでちょっとガッカリですよね？　「いいニュースを伝えるのはもうやめよう」と思ってしまうかもしれません。

逆に、あなたが誰かのいいニュースを聞くとき、こんなふうに思われないように、**感情を30%くらいプラスして、相手のいい報告に共感する習慣を身につける**といいでしょう。

書き言葉であれば特に感情が伝わりにくいので、「！」などを多用して、きちんと共感していることを示しましょう。「うれしい知らせ」であれば、素直に「自分もうれしい」ということをつけ加えるだけでいいのです。知らないニュースであれば、「それは知りませんでした！」と少し大げさに反応します。

これはもちろん「ウソ」をつくことではなく、できるだけ相手に共感して「感情のチョイ足し」をするという意味です。

SCENE 61

「で」は失礼。「が」を使う

「これでいいんじゃない」

「これがいいと思います」

どちらかを選ぶのでも、喜んでいる様子を

「コーヒーと日本茶、どちらがよろしいですか？」

「コーヒーでいいです」


「A案とB案、どちらがいいですか？」

「A案でいいんじゃない」


……のように、何に対しても「○○でいい」と言う人がいます。

「で」を使うと、「なんでもいいけど」「本意ではないけど」「仕方なく妥協して」そちらを選んでいるように聞こえてしまいます。それでは提案してくれている相手に対する敬意に欠け、印象が悪いといわざるを得ないでしょう。

「コーヒーがいいです！」「A案がいいですよね」と**「で」を「が」に変えただけで、相手が受ける印象は大きく変わります。**

「で」ではなく、「が」を使う習慣をつけたいものです。

SCENE 62

「疲れている」と言われると相手によっては不快に

「お疲れの様子ですね」

「お変わりはありませんか？」

相手の心を傷つけない言い方で

「お疲れの様子ですね?」と言われて、うれしい人はどれくらいいるでしょうか? 中には、「疲れているのをわかってくれるのか!」と思う人もいるかもしれませんが(整体院などでは「疲れていますね」と言われるとなぜかうれしいですよね)、一般的には「今の自分はそんなに疲れて見えるんだ」とショックを受ける人のほうが多いでしょう。

しかし、相手が見るからに疲れているとき、まったく気づかないフリをするのも水くさい気もします。

そんなときに便利なのが「お変わりはありませんか?」という言い方です。**表立って「疲れている」とは言っていないものの、何かしらの心くばりがあることが感じられます。**

自分が「大変だったこと」「疲れている理由」を話したい人は、「お変わりありませんか?」というフレーズに反応して自ら話し出すはずです。そんな自覚がない人は、「はい、相変わらずです」のように、あなたの問いかけを華麗《かれい》にスルーすることでしょう。どちらにしても相手を傷つけることはありません。

HINT

「カジュアルすぎる表現」を言い換える

――いつもの言葉がちょっと上品に！

一般的に「若者言葉」といわれるような、カジュアルな表現があります。

たとえば、「ヤバい」という言葉。本来はネガティブな意味でしたが、今やポジティブな意味にも使われるようになり、何十もの意味があるといわれています。

そして、もはや若者言葉とは呼べないほど、幅広い世代で使われています。

次のような言葉も同様です。

「マジで」
「超」
「ムカつく」
「ウケる」

これらの表現は日常のコミュニケーションを取るときに使うのには、すぐれていることが多いでしょう。しかし、時と場所によっては軽薄や幼稚に感じられることもあります。

ある程度フォーマルな表現も知っておく必要があります。

ここでは、日常でよく使われるカジュアルすぎる表現を、少しフォーマルにする言い換え例を挙げていきます。カジュアル一辺倒ではなく、時には少しフォーマルな言い方をすれば、周りはあなたのことを「おっ!」と見直すかもしれませんよ。

!「ヤバい」

江戸時代から使われていた隠語で、もともとは「不都合なこと」「危険なこと」「法に触れること」などを表わす言葉でした。２０００年頃からは「すごい」「最高」などの意味でも使われるようになり、現在ではさらに意味は広がっています。

↓「危険な」「不都合な」「逼迫《ひっぱく》している」「ゆゆしき事態」「憂慮《ゆうりょ》すべき状況」「抜きん出た」「並外れた」「すばらしい」「とてもおいしい」

!「ぶっちゃけ」

「打《ぶ》ち明ける」が変化して訛《なま》った形とされる「ぶっちゃける」の省略形。思ったことや秘密、知っていることなどを隠さずに言うときに使われます。

↓「率直にいうと」「あり体《てい》にいえば」「本音で語れば」「単刀直入《たんとうちょくにゅう》に」

「マジ」「マジで」

江戸時代に使われた楽屋《がくや》言葉が語源。「真面目」「真剣」「本気」といった意味からきており、1980年代に入ってから、若者を中心に流行し、現在も使われています。

↓「まったくもって」「真剣に」「本気で」「大真面目に」

「マジ？」「マジですか？」

相手が話した言葉に「信じられない」「驚いた」という感情が芽生えたときに思わず口に出る言葉。

↓「本当ですか？」「ウソでしょ？」「信じられない」「驚いた」

❗「ほぼほぼ」

「ほぼほぼ」は、「ほぼ」を強調した言い方で、完成に極めて近い様子を表わします。しかし実際は、「ほぼ」の婉曲的表現として使われるときもあり、その場合は「ほぼ」より「ほぼほぼ」のほうが完成から遠い場合もあります。

↓「九割九分」「もう一歩」「完成に近づきつつある」

❗「半端ない」

「半端《はんぱ》ではない」の省略形で、中途半端ではなく、徹底しているさまを表わします。さらに省略されて「半端ねぇ」「パネェ」となることも。

↓「生半可《なまはんか》ではない」「尋常ではない」「並外れた」

！「エグい」

ノドや舌を刺激するような味を指す「えぐみ」が、語源となった言葉。そこから転じて「残虐《ざんぎゃく》な」「気味が悪い」「厳しい」などの意味になり、さらに転じて、プラスの意味である「すごい」「度を越している」などの意味で使われることもあります。

↓「残虐な」「厳しい」「度を越してすばらしい」

！「ムカつく」

胸がムカムカするという言葉から派生した言葉。江戸時代から「腹が立つ」という意味で使われていたといわれています。

↓「癪《しゃく》に障《さわ》る」「不愉快」「腹が立つ」「怒りがこみあげる」

！「うざい」

「うざったい」の略で、1980年代に関東圏で使われるようになった不良言葉が起源で、のちに全国的に普及していきました。うざいがさらに簡略化された「うざ」という言い方もあります。

↓「うっとうしい」「わずらわしい」「うるさい」「面倒くさい」「じゃま」

！「草」

笑っている、笑えるという状況を表わす言葉。「笑」を「w」という文字で表現したとき、それが重なり「wwwww」のように並んでいる状態が、草が生えているように見えることから。

↓「本当に笑えます」「笑うしかない」「吹き出す」

!「陰キャ」

「陰気《いんき》キャラ」「陰気なキャラ」を省略した言葉で、性格そのものよりも、本人のステータスや生活などから判断されることが多いです。

↓

「寡黙《かもく》」「インドア派」「奥ゆかしい」

!「陽キャ」

「陰キャ」から派生した言葉で、「陽気なキャラクター」を省略した言葉。何事にも活発で、集団の中心になるような人に使われます。

↓

「前向きで明るい」「アクティブ」「おしゃれ」

❗「無理ゲー」

「無理」と「ゲーム」が組み合わさった言葉。本来は、ゲームの難易度が高く、クリアするのが困難なゲームのことを指しますが、そこから転じて、一般的な場面でも達成が困難な状況や課題を指して使います。

…↓「難易度が高い」「困難を極める」「極めて難しい」

❗「バズる」

英語のbuzz（ハチなどのブーンという羽音が由来の、口コミなどが広がっていくという意味のマーケティング用語）が語源。インターネットやＳＮＳなどを介し、爆発的に話題が拡散し、急激に注目が集まることを意味します。

…↓「ネットで話題になる」「拡散する」「多くの人の目に触れる」

「ワンチャン」

ワンチャンとは「One Chance」の略語。もともとは麻雀《マージャン》用語で「一回のチャンスをつかめば逆転できる」という意味でしたが、現在では、「もしかしたら」「ひょっとしたら」など、可能性があるという意味で使われています。

↓

「なきにしもあらず」「可能性を信じる」「運がよければ」

「ウケる」

「賞賛を受ける」の「受ける」に由来した言葉で、「おもしろい」と「評価が高く人気がある」という二つの意味がある言葉です。時には、皮肉の意味合いが含まれることもあります。

↓

「興味深い」「おもしろい」「人気がある」「笑える」

!「すごい」

もともとは「ぞっとするほど恐ろしい」というネガティブな意味だったのですが、最近はポジティブな意味で使われることが多いです。

↓「秀逸な」「驚くべき」「すばらしい」「感銘《かんめい》をうける」

!「とりあえず」

「ほかのことはさしおいて、第一に」というのが本来の意味です。よく使ってしまいがちな言葉ですが、ビジネスシーンにおいて使うのは、あまり好ましくありません。いい加減で、妥協しているような印象を与えるからです。

↓「ひとまず」「いったん」「さしあたり」「仮に」「便宜的《べんぎてき》に」「試しに」

「やられた」

本来は「まんまとやられた」のように、「被害を受けた」ことを表わす言葉です。被害から転じて、「彼女のしぐさにやられた」「あの映画にはやられた」のように、ポジティブな意味でも使います。

↓

「その手があったか」「まんまとだまされた」「意表をつかれた」

「超」

文字通り「超える」という意味。「超特急＝特急を超えるスピードの電車」「超満員＝定員を超えた人数」などのように。そこから派生して、単にうしろの言葉を強調するときによく使われます。

↓

「並外れた」「卓越《たくえつ》した」「驚くほど」「とても」「極端に」

◇おわりに 「損な言い方」から「得な言い方」へ

言葉を変えると「自分の考え方」が変わります。
言葉を変えると「相手や周りの反応」が変わります。

ほかのどんなスキルを磨くよりも安上がりな、世界で一番コスパがいい自己投資法は「言葉を磨く」ことだと思います。

この本の「言い換え例」を参考に、あなたが日頃、口に出す言葉を変えてみてください。「自分の考え方の変化」と「相手や周りの反応の変化」の大きさに驚くかもしれません。

本書は、『使えば使うほど好かれる言葉』『口にすればするほどなぜかうまくいく言葉』に次いで、王様文庫オリジナル「言葉シリーズ」第3弾です。

このシリーズは、コピーライターや作家として、長年「言葉」にまつわる仕事をしてきた私が、「日本語の奥深さや美しさを、わかりやすく世の中に伝えていくこと」を使命に、毎回視点を変えつつ「言葉」をテーマに執筆しています。

このささやかな一冊が、あなたの言葉磨きのきっかけになれば、著者としては、これほどうれしいことはありません。

またお会いしましょう。

川上徹也

本書は、本文庫のために書き下ろされたものです。

言《い》い換《か》えるとちょっと得《とく》する言葉《ことば》

著者　川上徹也（かわかみ・てつや）
発行者　押鐘太陽
発行所　株式会社三笠書房
〒102-0072 東京都千代田区飯田橋3-3-1
電話　03-5226-5734（営業部）　03-5226-5731（編集部）
https://www.mikasashobo.co.jp
印刷　誠宏印刷
製本　ナショナル製本

 ISBN978-4-8379-3033-4 C0130

王様文庫